地方高校服务乡村振兴的路径研究

张秋菊 著

吉林出版集团股份有限公司
全国百佳图书出版单位

图书在版编目（CIP）数据

地方高校服务乡村振兴的路径研究 / 张秋菊著. --长春：吉林出版集团股份有限公司，2021.12
ISBN 978-7-5731-0783-1

Ⅰ.①地… Ⅱ.①张… Ⅲ.①地方高校－作用－农村－社会主义建设－研究－中国 Ⅳ.①F320.3

中国版本图书馆CIP数据核字(2021)第244501号

DIFANG GAOXIAO FUWU XIANGCUN ZHENXING DE LUJING YANJIU

地方高校服务乡村振兴的路径研究

著　　者：张秋菊
责任编辑：郭玉婷
封面设计：雅硕图文
版式设计：雅硕图文
出　　版：吉林出版集团股份有限公司
发　　行：吉林出版集团青少年书刊发行有限公司
地　　址：吉林省长春市福祉大路5788号
邮政编码：130118
电　　话：0431-81629794
印　　刷：晟德（天津）印刷有限公司
版　　次：2022年6月第1版
印　　次：2022年6月第1次印刷
开　　本：710 mm×1000 mm　　1/16
印　　张：8
字　　数：140千字
书　　号：ISBN 978-7-5731-0783-1
定　　价：78.00元

版权所有　翻印必究

目 录

第一章 乡村振兴战略概论 ································· 1
  第一节 中华文明之源——乡村 ···························· 1
  第二节 乡村振兴战略的背景与意义 ························ 4
  第三节 乡村振兴战略的科学理论依据与战略导向 ············ 10
  第四节 乡村振兴战略的实施过程分析 ····················· 12

第二章 乡村振兴战略的理论基础 ························· 18
  第一节 中国古代的重农思想 ····························· 18
  第二节 西方经济学派关于乡村发展理论 ··················· 26
  第三节 马克思主义关于乡村发展理论 ····················· 29
  第四节 中国历代领导人关于"三农"问题的主要思想 ········ 42

第三章 乡村振兴制度与战略规划 ························· 59
  第一节 乡村振兴制度基础 ······························· 59
  第二节 乡村产业振兴与脱贫攻坚 ························· 66
  第三节 乡村生态文明振兴发展 ··························· 78
  第四节 乡村文化振兴发展 ······························· 80

第四章 地方高校服务精准扶贫实践探索 ·················· 101
  第一节 农业高校服务精准扶贫理论分析 ·················· 101
  第二节 地方高校服务精准扶贫模式分析 ·················· 107
  第三节 地方高校服务精准扶贫政策分析 ·················· 118
  第四节 地方高校服务精准扶贫实践探索 ·················· 120

第一章　乡村振兴战略概论

第一节　中华文明之源——乡村

乡村是具有自然、社会、经济特征的相对独立的地域综合体，兼具生产、生活、生态和文化等多重功能，与城镇互促互进、共生共存，共同构成人类活动的主要空间。乡村的兴衰直接关系到国家的兴亡和长治久安。本章内容包括乡村的概念、乡村振兴战略的背景与意义、乡村振兴战略的科学内涵与战略导向、乡村振兴战略的实施过程分析。

一、乡村的概念

乡村即村庄，是行政区域名称，放在城乡关系中来看，乡村是相对于城镇来说的。而农村，是指以从事农业生产为主的劳动者聚居的地方，放在产业关系中来看，农村是相对于城市来说的。简单而言，乡村是非城市地区，是从事农业生产、经营、加工等一系列活动的农业地区。乡村是个大概念，乡村不等于农村，乡村也不仅仅是"农"的，不拘于农业产业，而是涵盖乡村社会整体发展。读懂乡村，要回归乡村的自然属性、文化属性和社会属性，扩宽乡村经济内涵，与时俱进定义城乡关系。

乡村随着历史的推进而不断发展，从全世界乡村发展变迁来看，其发展主要可分为原始、古代、近代、现代、未来五个阶段。

当前，我国乡村发展正处于由近代逐渐向现代发展转入的阶段。大力推进城镇化建设是我国目前乡村发展的重要举措，但随着城市房价增高、人口膨胀、环境污染等问题的日益突出，风景优美、生活节奏慢的乡村田园生活吸引着越来越多的城市居民向乡村流动,出现逆城镇化现象。

在很多人的印象中,乡村贫穷落后、偏远荒凉,十年之前我国的乡村确实是这样。但随着国家政策的扶持,大量经济实体的扎根建设和新兴农业产业的崛起,我国乡村整体水平得到有效提升。如今,江苏、浙江等地很多乡村的经济、社会、文化发展欣欣向荣,农民生活水平稳步提高,成为全国现代化新农村建设的典型。

二、中国乡村的特点

乡村发展相对城市而言比较滞后,基础设施和经济发展较差,导致乡村大量人口涌入城市,农村建设发展缺乏主力军,更加剧了这种落后现象。随着时代进步和科学技术的不断发展,乡村建设要与时俱进、开拓创新,结合各地方实际促进农业产业化转型和发展。其中,开发乡村旅游业这条途径已取得阶段性的进展和喜人的成果。

深入研究和分析乡村旅游的特色和吸引点,不断挖掘、拓展旅游资源,充分利用乡村特有的自然生态环境、历史民俗文化、农业生产活动和经济发展特色等优势,开展凸显地方文化特色、生动有趣的体验类、观赏类、休闲类、度假类、参与类旅游项目。

乡村旅游的主要对象是城市居民,因此开发旅游业的时候要充分考虑其消费特点和需求,要体现农业旅游特点,将农业景观、农业生产活动与旅游业有机结合起来,融入现代化的经营管理和信息技术元素,挖掘创新,努力打造集娱乐、度假、文化体验等为一体的综合性旅游产业。由此带动地方经济发展,实现乡村振兴[①]。

根据乡村旅游业的特点,它一般可以分为以下几种类型:①度假型,主要为游客提供避暑休息、农事体验、休闲放松等服务;②疗养型,提供具有养生价值的特色汤池、温泉、推拿、按摩等服务;③娱乐型,提供露营、儿童游乐场、真人CS、棋牌、篝火晚会等服务;④观赏型,提供参观景点、花卉、种植大棚、民俗表演等服务;⑤购物型,提供土特产、地方手工艺品及有机农

---

① 刘汉成,夏亚华.乡村振兴战略的理论与实践[M].北京:中国经济出版社,2019.

产品等购买服务；⑥品尝型，提供农家乐、地方美食、土特产等餐饮类服务；⑦体验型，提供农耕、种植、采摘、收割、加工等农事体验服务。

综上所述，乡村旅游项目种类繁多，下面列举几个比较典型的项目形式：①农家乐，这种项目形式通常设在人流量比较大的景点附近，主要为来往游客提供地方性特色饮食、时令农作物采摘和住宿等服务；②农业旅游园，这种项目形式将休闲娱乐、农事体验与农业旅游有机结合，让游客亲身参与农作物种植、采摘、农用机械操作等活动，寓教于乐，以此来促进城市居民对农业知识的了解；③农家餐馆和民宿，村民在自己家里开设住宿和餐饮服务，将自己种植的蔬果和自己养殖的肉类做给游客品尝，让游客更深切的体验农家生活；④特色农产品，当地特有农作物的生产、加工、仓储、销售等；⑤特色产业基地，将提供同一类或相似服务的产业或企业集合到一起开展业务，提供服务的地方；⑥特色村镇，在某一方面特色鲜明且发展较为突出的村落或乡镇；⑦农产品加工基地，这是将商业价值明显的农作物集中到一起对其进行加工处理，提升其价值的地方；⑧民俗活动，这种项目形式包括地方独有的节日、庆典、娱乐活动等。

三、文明与乡村文明的内涵

文明是人类在历史发展实践中大浪淘沙遗留下来的多数人的真理，文明的出现标志着人类脱离野蛮状态。文明涵盖的范围非常广泛，包括各种生产生活经验、文化、艺术、科学、宗教、国家、思想观念等。文明可以帮助人类更好地了解、认识和适应客观世界，丰富和满足精神世界。优秀文化和人类文明密不可分，其本身代表和承载着人类先进文明。

文明的概念非常宽泛，出发点和角度不同，理解的文明就不同。现代汉语认为文明代表了社会进步的质的飞跃，物质文明、文明社会、风俗习惯、社会适应能力等都属于文明范畴。深入研究世界上各类优秀的、影响巨大的文明，发现其在某些要素上都具有独特性。

文明的分类标准也比较多，有两分法、三分法、六分法等，但总体而言，文明包括精神和物质两个方面。物质文明是人类对物质世界进行认知和改造的能力和成果，表现为生产生活方式的不断发展，是精神文明特别是文化出现的前提和基础；精神文明是指人类在对世界进行适应和改造的过程中总结出来的各种文化智慧和道德标准，具体包括教育、科学、艺术、卫生、价值观、理想、觉悟、信念等。

促进乡村经济、社会、文化建设和发展的一项重要举措是深入发展乡村生态文明建设。乡村生态文明的具体内容包括：①有效保护和传承各个民族优秀的、深厚的传统文化，促进其在不断创新中得到长远发展；②保护乡村各种独特、优秀文化，包括农作物种养殖、草原放牧、民俗民歌、特色民居、民族节日等；③继承和发扬仁、孝、礼、义等优良传统观念；④在新时代背景下培养和创造新的乡村文明；等等。

第二节 乡村振兴战略的背景与意义

乡村振兴战略是我国推进农村税费改革、新农村建设、城乡一体化改革后的又一重大战略决策，具有重大历史性、理论性和实践性意义。

一、乡村振兴战略的背景分析

（一）我国"三农"政策的变迁

进入21世纪之前，我国实施农业支持工业的战略，主要通过从农业中汲取资金支持工业。进入21世纪以后，我国逐步将原农业支持工业战略转变为工业反哺农业战略。①

从教育层面看，2003年以前，由于相当一部分农村教育都是民办，即农民自己筹集资金开展农村教育基础设施建设，这就导致当时城乡教育差距明显。

从医疗层面看，2003年以前，接近80%的农村居民没有任何医疗保障。因此，从2003年开始，我国在一些地区试点实行新型农村合作医疗。这在广大

---

① 裴涵，范志光，丁晖.农村电商运营：从策略到实战[M].北京：电子工业出版社，2018.

农民中间受到了广泛认可；到2007年9月底，全国共有85.5%的地区推行了农村合作医疗政策，有7.26亿农民参与其中，占到高达86%的比重；截至2008年6月，农村合作医疗已在全国范围内完成普及。

在2000年10月召开的中共十五届五中全会上，党中央将社会主义新农村的建设确立为我国推进现代化过程中的关键任务。2006年发布的中央一号文件对新农村建设的具体工作进行了规划部署，确立了"五句话、二十字"方针，即生产发展、生活宽裕、生态文明、村容整洁、管理民主。同一时期，我国开始对农业税收施行减免措施。2004年，我国降低1%的农业税率，深入贯彻《中共中央 国务院关于促进农民增加收入若干政策的意见》中要求的"降低农业税率"指示，另外还免除除烟草之外的农业特产税。2005年颁布的中央一号文件进一步对农村税的减免征收进行了详细指示，积极推进农业税减免政策。在2005年12月29日召开的十届全国人大常委会第十九次会议上，宣布并通过了废除农业税的相关政策条例。

与此同时，从2004年开始，我国相继实行了"四大补贴"政策：第一，良种补贴，该补贴从2002年开始试点，2004年在全国正式推开，现在我国主要农产品品种，包括种植业、畜牧业、渔业都实施了良种补贴；第二，直接给予种粮农民补贴，根据农民所有土地面积发放相应数额补贴，2004年起正式实行；第三，购买农机具补贴，给予购置农机具的农民一定数额的补贴，补贴数额由开始的1/3变为后来的定额；第四，农资综合补贴，2006年起正式开始发放农资综合补贴，随着经济的发展，我国劳动力成本、各种原料及农业生产资料价格逐步上升，因此国家实施了农业生产资料综合补贴。

2004年开始，我国对主要农产品实施了最低收购价格。2004年、2005年主要针对稻谷实施最低保护价收购，2006年开始对小麦实施最低保护价收购。随后，我国对其他农产品也实行了相应的价格保护政策。由于2008年后政府最低收购价逐年提升，我国主要农产品价格也逐渐高于国际生产价格。2015年、2016年国内主要农产品价格已经大大高于国际同类农产品价格，每种产品价格在不同时期高出的幅度也不同。这种情况下就必须改革我国主要农产品的价格形成机制。2014年，我国对粮食价格形成机制进行改革，对大豆和棉花实行目标价格制度。2016年，财政部印发了《关于建立玉米生产者补贴制度的实施意见》，取消了玉米临时收储政策，实行生产者补贴政策。

公共事业方面，我国农村学生义务教育时期学杂费免除政策推行范围由2006年的西部地区逐步扩展为2007年的全国农村，国务院于2007年7月发布的《关于在全国建立农村最低生活保障制度的通知》正式拉开农村低保的序幕。在居民养老保险政策方面，2009年，国务院发布了《关于开展新型农村社会养老保险试点的指导意见》，同年开始实施。新型农村社会养老保险试点的基本原则是"保基本、广覆盖、有弹性、可持续"。"保基本"就是保障农村养老基本生活、基本需求。"广覆盖"就是逐渐提高覆盖面，最终让所有农村居民的养老问题都纳入制度里。2014年，国务院印发了《关于建立统一的城乡居民基本养老保险制度的意见》。《意见》提出，"十二五"末，在全国基本实现新农保与城市职工基本养老保险制度相衔接；2020年前，全面建成公平、统一、规范的城乡居民养老保险制度。从医疗保险领域来看，2012年，国家发展和改革委员会（简称国家发展改革委）、卫生部等六部门发布了《关于开展城乡居民大病保险工作的指导意见》。2015年，国务院办公厅发布了《关于全面实施城乡居民大病保险的意见》，开始在全国推行城乡居民大病保险。2016年，国务院印发了《关于整合城乡居民基本医疗保险制度的意见》，把城镇居民基本医疗保险和新型农村合作医疗整合在一起，形成城乡居民基本医疗保险。城乡居民医保从2016年开始实施，其最终目标是让城镇居民和农村居民的基本医疗保险达到一致，让保险在区域上可以互相接续。这样既有利于人口的流动，又有利于农村居民整体医疗保险水平的提高。

党的十八大以来，我国农业农村政策在很多方面体现在中央一号文件上。2013年中央一号文件《中共中央 国务院关于加快发展现代农业进一步增强农村发展活力的若干意见》，其中第六部分是"改进农村公共服务机制，积极推进城乡公共资源均衡配置"。2013年中央一号文件还强调要"努力建设美丽乡村"。2015年，国家质量监督检验检疫总局、国家标准化管理委员会发布《美丽乡村建设指南》国家标准，就是用于指导全国不同地区不同情况的美丽乡村建设。2014年中央一号文件提出"健全城乡发展一体化体制机制""开展村庄人居环境整治""推进城乡基本公共服务均等化"。2015年中央一号文件强调"围绕城乡发展一体化，深入推进新农村建设"，指出"中国要美，农村必须美"。文件还强调，要在2015年解决无电人口用电问题，加快推进西部地区和集中连片特困地区农村公路建设。2016年中央一号文件强调"加快建设社会主义新农村""社会主义新农村建设水平进一步提高"。2017年中央一号文件强调，要"壮大新产业新业态，拓展农业产业链价值链""大力发展乡村休闲旅游产业""培育宜居宜业特色村镇""支持有条件的乡村建设以农民合作社为主要载体、让农民充分参与和受益，集循环农业、创意农业、农事体验于一体的田园综合体"。

（二）"三农"工作面临的机遇与挑战

"十三五"时期，我国农业农村发展的内外环境都处于不断变化的状态之中，不仅具有很多优势，同时也面临不少的困难和挑战。

"三农"工作面临的机遇：第一，国家非常重视"三农"工作，将农业农村的短板补齐已成为所有民众的一致观点。我国发展依旧处于战略机遇阶段，经济水平处于持续增长的动态之中，相关的政策与制度越来越完善，尤其是强农惠农富农政策。第二，粮食等农产品供给充足，城乡居民的消费体系更新加快，新型的乡村振兴战略和农村改革正处于实施的过程中，为农业转变方式、结构调整和领域延伸创造出极其有利的条件。第三，强化农村改革和城乡一体化的发展，促进农村发展并调动其积极性，使农民的收入和农村经济水平均得到提高。第四，全球经济一体化的快速发展，促进资源的有效整合和充分利用，减轻国内资源压力，使得农业结构最优化。

"三农"工作面临的挑战：第一，农业供给侧结构性改革非常艰难，一些农产品存在库存积压的情况，部分农产品供给不足，农业生产成本居高不下，农业生产收益变化不定，与农业相关的基础设施落后，农产品质量安全面临着高风险，在如此高竞争的环境下，农业的压力越来越大。第二，农业资源问题逐渐增多，水土等基本资源更加稀缺，一些区域的耕地能力逐渐降低，环境污染越来越恶化，拼资源的生产方式无法再进行，农村劳动力主要集中在高年龄人群中，具有专业性、技术型和创新性的青壮年少之又少。第三，我国经济发展进入新常态，经济发展缓慢，农民工的流动就业和提高收入越来越难以实现。第四，城乡二元结构问题显著，城乡资源要素的交换和配置依旧受到体制性的制约和阻碍，农村的基础设施与公共服务还处于改进的阶段，城乡之间的差距很难缩小。

"十三五"时期，农业农村的发展不仅面临着机遇，同时也面临着挑战。无论是农业的繁荣发展，还是农民收入的提升，都是难以实现的任务。因此，要在大脑中形成短板意识，培养创新的思维方式，将四面八方的力量凝聚起来，明确新的发展观点，创建农业农村发展的新局面。

二、乡村振兴战略实施的重要意义

2017年，党的十九大报告中首次提出"实施乡村振兴战略"，这对我国历史发展具有理论和实践双重方面的深刻意义。对于历史发展，这一战略开启了发展新篇章，在汲取过去经验的基础上开拓未来，为城乡一体化进程提供了新的思路。从理论上讲，它有助于进一步实现改革开放，完善和发展市场经济体制，解决市场问题；从实践上讲，这一战略顺应人民期待，扶持农村产业，保护农村生态，促进农村发展，积极推动农村现代化进程，能够实现社会主义新农村的伟大目标。

（一）是解决发展不平衡不充分矛盾的迫切需求

中国特色社会主义进入新时代，这是党的十九大报告所提出的关键决策，指明了中华人民共和国的发展方向。随着社会主要矛盾的转变，新时期对经济发展有着更高的期望。在新时代的社会环境下，我国的社会矛盾主要体现在人民日益增长的美好生活需要和不平稳不充分的发展之间的矛盾，尤其是乡村，已经成为我国当前最大的不平衡不充分发展区域。自改革开放以来，我国工业化和城市化进程不断加快，城乡之间的发展差距逐渐拉大，农村内部也存在发展不平衡的问题。城镇和农村的发展一直是我国城镇化发展进程中无法突破的一个难题，突出体现在"三农"未得到充分发展，主要指农业现代化发展、新农村建设这两方面的不充分，还有教科文卫的发展和共享现代社会发展等方面的不充分问题。从最初的全面建设小康社会，至社会主义现代化的完成,直至社会主义现代化强国的建设,乡村一直是中国经济发展的短板。改革开放40多年,经济高速发展对乡村的欠债实在太多,再不加紧补齐,这种跛足的结构必将严重阻碍我国的全面发展。因此,基于对当前面临的社会主要新矛盾的深刻认识,加快推进乡村振兴战略是促进中国经济全面发展的必然选择。

(二)是解决市场经济体系运行矛盾的重要抓手

改革开放以来,我国一直走在市场经济改革的道路上,市场在资源配置中显得愈加重要,生产力发展水平明显提升,社会劳动分工变得明确。在市场经济垂直发展的情况下,针对市场体制运行应该思考的问题主要有生产过剩矛盾、经济危机和稀缺资源配置等。解决问题的方式主要是国内外全面入手,不仅对外展开新型的经济战略和创建新格局,还要以"一带一路"为核心建立创新性的合作关系,建设贸易新业态和新模式,发展贸易强国建设,制定贸易和投资的相关政策,使贸易和投资方式更加创新化,强化国际产能的合作关系,在增强核心竞争力和培育国际经济合作关系的同时,还应该重点加强乡村振兴战略的实施,进而产生优势互补且经济稳定发展的局面。与国际形势的不稳定性相比,乡村振兴战略的实施过程中所体现出的安全性、可控性和稳定性等特点更加突出。

(三)是解决农业现代化的重要内容

通过不懈努力,我国农村建设获得喜人成绩,农业现代化水平有了显著提升,使得原本的粮食和农产品供需结构发生变化,农村的劳动力得以进入城市获得更高的收入,从而使脱贫攻坚工作进一步深化,全面落实农村改革政策,实现乡村振兴。另外,基于历史背景而存在的关于农村农业发展及文化建设等方面的问题,政府也应予以重视和解决。

城乡居民的收入水平随着经济的发展逐渐趋于平衡,无论是城市居民还是农民对新农村的建设都满怀期待。共同参与乡村振兴的战略实施过程,将乡村振兴作为国家的战略目标之一,完善体制、强化服务功能,既引领农业现代化发展,又能促进社会主义新农村的建设和农民在教育、科技、文化等方面的发展。

第三节 乡村振兴战略的科学理论依据与战略导向

相比较新农村建设而言,乡村振兴战略的内容更全面,内涵更丰富,层次更高,目标更大,这是新时代我国农村工作发展方向和理念的一次深刻变革。其战略导向体现在"三个坚持",即坚持高质量发展、坚持农业农村优先发展、坚持走城乡融合发展道路。

一、乡村振兴战略的理论依据

乡村振兴的理论依据是各级政府、学术界都关心的重大话题。归纳来看,主要的理论基础有以下两个方面[①]。

(一)点轴理论的阐释

站在区域经济角度,繁华中心一般位于经济发展较好的地区,主要以点状形式分布。随着经济的逐步发展,经济中心将向外扩散,通过交通线连接各个点,从而形成点轴系统。点轴与点轴相互交织在一起,进而形成网络。城乡融合发展需要借助更成体系的城乡地域,经过扩散延伸形成立体网络。乡村振兴战略的实施,需要以城乡融合为手段,以乡村综合体为基础,以村镇为载体。乡村振兴要从产业和文化方面,通过"网—区—场—极"的形式逐步实现。

(二)系统理论的阐释

系统指的是一个具有特殊功能的有机整体,由两种或多种相互作用的要素根据特定结构而组成。根据系统理论,城乡融合系统包括三个层次,分别是地域、市域和县域,利用城乡基础网实现"三域"之间的结合。地域可以分为城市群区域、城市连绵区和城市化新区,形成的格局以都市区为主;市域分为超大城市、大城市和中小城市,形成的格局主要以建成区为主;县域分为中心镇和农村社区,形成的格局主要以大乡村为主,其特点是城乡一体化。城乡是

---

① 吴维海.新时代乡村振兴战略规划与案例[M].北京:中国金融出版社,2018.

一个有机融合体，包含城镇和乡村两个地域系统，这两个地域系统相互促进、相互结合，其构成成分具体指中小城市、小城镇、城郊社区和乡村空间等。

村镇承载着乡村综合体的空间组织和组成要素，村镇建设的格局形态体现着其地域系统在空间、组织和产业结构上的构建重组。其关键在于对地区各县镇村的空间、等级和管理体系进行改善。常见的形式有乡村合并聚集成镇、建设规划园区等，以实现空间结构的最优化，突出村镇的地位和核心功能，使城乡在功能和空间上都得到合理结合，使居住空间更整洁、产业空间更集中、生态空间更美好及文化空间更丰富。

二、乡村振兴的战略导向

（一）坚持以高质量发展为导向

习近平总书记在党的十九大报告中提出，我国的经济发展逐渐由高速度走向高质量，应始终将质量和效益放在首位，坚持实施供给侧结构改革，使我国经济在质量、效率和动力方面实现质的提升。在2017年召开的经济工作会议中，党中央将高质量发展作为当前和未来阶段的首要任务，一切思路和政策的制定都以此为指导方针和目标。政府应在全过程中始终以高质量发展为指导方向，从根本上理解高质量发展的含义，同时寻求其实现方法。

（二）坚持以农业农村优先发展为导向

习近平总书记在十九大报告中第一次指出，以农村优先发展为主要的战略目标。其本质原因是工农城乡发展差距较大和三农发展不够全面和完善，体现出中国的发展极其不平衡。除此之外，由于"三农"的发展对于稳固和优化城乡关系、促进经济发展、缩小城乡收入差距、预防和应对风险能力等问题具有明显的促进作用，突出了公共物品属性。在市场经济条件下，"三农"发展没有体现出较强的竞争优势，容易出现市场失灵的情况。

因此，市场在资源配置过程中起到决定性的作用。在此基础上，政府发挥其功能，优先发展农业农村，控制好市场的稳定发展。根据农业农民问题与国计民生显著相关这一本质，应该重点关注和解决"三农"问题，并将其作为党的核心任务之一。此外，根据系统性、协同性的特点和抓重点、补短板的原则，优先发展农业农村是乡村振兴战略实施的基本条件。

（三）坚持以走城乡融合发展道路为导向

从党的十六大报告中提出的"统筹城乡经济社会发展"，至十七届三中全会提出的"将促进城乡经济社会发展一体化的新格局作为根本目标"，直至十九大报告中提出的"建立健全城乡融合发展体制机制和政策体系"，这种重大政策导向的演变反映了我国对加快形成新型工农城乡关系的认识逐步深化，符合新时代工农城乡关系的新方向，同时与优先发展农业农村的战略目标保持一致。十九大报告提出应优先完善城乡融合政策的制度，再发展农业现代化建设。这体现出城乡融合的全面发展和落实对于农业现代化建设的深刻意义。

工农城乡之间具有相互促进、相互影响的关系，而随着关系的加强，其人口、资源和要素的流动越来越频繁，产业之间的相互促进与渗透关系更加明显，同样资源、要素和产权之间的重组关系也逐渐突出，城乡之间体现出"你中有我、我中有你"的格局。因此，建立健全城乡融合发展的体制机制和政策体系，实现城乡之间的融合，已经成为实施乡村振兴战略的基本要求和重中之重。根据新型工业化、信息化、城镇化、农业现代化同步发展的要求，迅速产生以工促农、以城带乡、工农互惠、城乡共荣、分工协作、融合互补的新型工农城乡关系。

第四节 乡村振兴战略的实施过程分析

一、实施乡村振兴战略的关键

2018年是乡村振兴的开局之年，中共中央发布的一号文件中对于乡村振兴和城乡融合的推进进行了详细工作部署。十九大上针对乡村振兴的具体实施做出详细要求，必须达到"产业兴旺、生态文明、治理有效、生态宜居、生活富裕"，任何一项要求都不可偏废。总体而言，解决以下四大问题是至关重要的[①]。

---

① 孔祥智.乡村振兴的九个维度[M].广州：广东人民出版社，2018.

（一）推进城乡公共服务均等化

调研发现，农村基础设施落后是制约产业兴旺的重要因素。《中华人民共和国国民经济和社会发展第十三个五年规划纲要》提出了2020年实现"基本公共服务均等化水平稳步提高"的目标，包括就业、教育、文化体育、社保、医疗、住房、农村道路等基础设施。应该说，自2006年中央一号文件部署社会主义新农村建设以来，农村公共服务供给取得了明显进展，但仍然存在着水平低、城乡接续难和城乡发展不均衡等问题，要按照国家"十三五"规划纲要的要求，"坚持普惠性、保基本、均等化、可持续方向"，围绕"标准化、均等化、法制化"，尽快建立国家基本公共服务清单，列出哪些服务应该由政府供给、哪些应该由市场供给，分清政府和市场的职责，促进城乡基本公共服务项目和标准的有机衔接。

要积极吸纳国外先进经验，通过引入多元化供给机制，吸收社会资本，引入竞争环节，逐渐开展特许经营、战略布局、定向委托和对比式评审等程序。政府可以召集有很好盈利能力的公共服务类项目组成友好的社会资本合作模式，利用资金补贴的形式不断带动项目前进。这种由企业负责人运行的模式不仅可以为政府减轻一定的财政负担，而且能保证公共服务项目稳步推进。财政实力对于公共服务能力均衡发展至关重要，尤其对政府的政策措施更为重要。所以，只有通过配合中央提供的政策方针指引，并跟随有能力、对"三农"有深厚感情的基层干部团队扎实推进，才能最终保证城乡基本服务等顺利实施。

（二）强化农村金融支持政策

各种各样的经营主体高速发展是产业兴旺的重要表现，离不开强有力的金融支持。首先，金融机构不仅要不断提高对农业产业化和中小企业的产业支持，更要针对实际情况对那些具有强大竞争力、参与农业范围大、经济效益显著的企业或者农民合作社加大支持力度，通过增加投放贷款规模、创新改造金融产品等形式，使更多的金融产品适合"三农"和微小企业。另外，引导有条件、有能力的农村专业户合作社投入到信用合作中。

坚持社员制、封闭性原则，不对外吸储放贷，不支付固定回报，推动社区性农村资金互助组织发展。在目前相关法律法规不健全的情况下，合理加强对农村金融管理体制的控制，尤其是农村合作金融的管理力度，避免金融危机的发生。另外，不断扩大供给农业保险品种。农业农村产业的特点在于低利润和高风险，因此必须要有与之相配的保险体系来提高其应对风险的能力。为了满足农村农业产业快速发展的需求，不论是政策性的，还是商业性的保险机构，都要对现有的保险体系进行相应改革，开发出更多满足需求的保险品种。2017年对《中华人民共和国农村专业合作社法》进行了修订，其中第六十六条提倡农村专业合作社在符合法律规定的前提下组织互助保险。这不仅可以帮助小型农户或家庭农户这类新兴经营者进行保险领域的项目合作，同时也可以为商业保险机构提供推广产品的机会。

（三）继续向改革要红利

乡村振兴和产业兴旺必不可少的助力因素是改革。

第一，在2016年发布的《中共中央 共国务院关于稳步推进农村集体产权制度改革的意见》中可以看出，想要稳步推进集体产权制改革，必须首先将核资水平进行清点，然后分产到人，就经营性资产股份进行合作，坚持贯彻改革政策，激发不同经营主体的创造力。

第二，深化三权分置改革，对农村土地的承包权、所有权、经营权并行分置，为农业现代化建设和产业发展提供基础保障。贯彻落实中共中央办公厅、国务院办公厅于2016年下发的《关于完善农村土地所有权承包权经营权分置办法的意见》，开展土地所有权的确认记录工作，设立明确制度来管理土地转让行为；出台政策扶持土地经营，将农村土地的承包期延长30年，使农业发展拥有稳定空间。完善"三权分置"法律法规，确保"三权分置"有序实施。

第三，正确认识宅基地所有权、使用权和资格权的"三权分立"政策，切实维护宅基地集体所有权，确保农民的宅基地使用资格与房屋产权，对这两项权利进行适当的放松。

第四，积极推动农业政策改革。以"黄改绿"为主要依据，对农机的购买和使用给予一定补贴，宏观调控棉花、大豆等农产品的目标价格，落实小麦和稻谷等收购底价的改革，不断提升主要农产品的市场竞争优势，切实保证和稳步发展农村的自我改造、自我积累的实力，为进一步实现乡村振兴和产业兴旺奠定坚实基础。

（四）有效解决乡村振兴人才与资金短缺的问题

乡村振兴的两个重点即乡村治理和产业发展。不论是哪个方面，都离不开人才支撑和资金支持，这也正是目前农村发展面临的两大主要困难[①]。因此，要善于借鉴和学习其他发达国家的经验教训，建立健全农业农民制度，培养新型职业农民，加快建立一支属于农村的专业人才团队；通过合理的奖励机制，利用乡情乡愁的情感联系，呼吁和引导大批的优秀企业家、党政干部、专家学者、医护人员、建设设计师、规划师等专业技能人才为乡村事业的发展贡献自己的力量。

对财政的投入政策要进一步落实和加强，利用财政资金四两拨千斤的作用，将更多的社会资本引用到乡村振兴的事业中来；加强金融改革力度，在农村经济社会发展的关键点和基础差的环节，争取配置到更多的金融资源，最大程度在金融方面配合乡村振兴战略的实施；坚持社员制、封闭运行的原则，防止吸储放贷等不良行为的发生，以保障农村资金互助组织的稳定运转。

二、"五个振兴"与乡村振兴战略路径的方向

在2018年3月8日的十三届全国人民代表大会第一次会议中，习近平总书记在审议山东代表团时提出了"五个振兴"的战略方针，即在乡村产业、乡村文化、乡村生态、乡村人才、乡村组织五个方面同时布局，实现乡村的整体振兴。

总体而言，产业振兴的根本在于将农业农村的各项产业做大做强，不仅为了实现人们对农业农村美丽生活的向往和追求，也能解决由于农业农村发展不平衡导致的矛盾。因此，必须保证农产品和相关附属产品功能和种类尽可能丰富，同时保证其安全性，落实质量兴农方针，让农业农村实现绿色发展。目前我国的农产品加工业与其他发达国家相比，还有很大的发展空间。为了让农民更快地收获来自农产品加工的良好收益，必须制订切实可行的方案政策来有

---

① 冯俊锋.乡村振兴与中国乡村治理[M].成都：西南财经大学出版社，2017.

效推进农产品加工业的发展，确保一二三产业合理配置、齐头并进，不断推进二产化和三产化，改善农业产业盈利不理想的状态，在保证培养新型农业经营主体的情况下，注意对小农户的扶持，针对不同的实际情况采取相应措施，帮助小农户实现与现代农业共同发展的目标。

人才振兴是指不断开发乡村人力资本、开发智力、提高技能、管理下乡通道，培养多种多样的乡土人才。对现有的农民制度进行全面建设和改革，根据针对性的政策方针，培养适合时代需要的新型职业农民。改进优化人才培养模式，不断开发和培养新的农业职业经理人、能工巧匠、文化牛人、非物质文化遗产传播与继承者等新型人才。通过科学合理的激励机制，利用科技作为支撑，大力宣扬人们的乡情乡愁情感，引入更多能够投身乡村建设的企业家、党员干部、专业人才、医护人员、乡村教师、建筑设计人员、规划师和优秀科技人才等。

文化振兴是指提高农村思想道德修养水平，继承和发扬优秀的农村传统文化，完善和加强公共文化事业，大力宣传推广文化活动。

生态建设是指在乡村生态上实现一个质的飞跃，不仅要保证生活富裕，还要维护生态平衡的美好环境，对乡村的山、水、草、木、渔、田进行全面控制管理，对农业污染问题要引起足够重视并提出合理解决方案，走绿色发展的农业道路，正确认识和处理开发与保护之间的关系，既要保证开发和提供更多更好的绿色生态产品，又要确保乡村生态环境不被污染破坏，使生态与经济共同发展，以形成良性循环①。

组织振兴是指以农村党支部组织的模范带头作用和农村村委会的坚强后盾为基础，利用成立农民专业合作社等形式来进一步帮助农民互相团结，创办老人协会、婚丧嫁娶协会等有趣有意义的组织，激发广大农民爱家、爱村、爱国热情，在保证经济稳步发展的前提下进一步促进社会和谐发展。

三、"三治"理念与乡村治理体系的创新

党中央在十九大报告中首次将德治归入乡村治理，提出要深化农村基层

---

① 贺雪峰.乡村治理与农业发展[M].武汉：华中科技大学出版社，2017.

工作，形成法治、自治、德治三位一体的治理体系。"三治"理念是对乡村治理工作的一大创新，对于理论和实践具有深远意义。

早在2001年，党中央就提出了"以德治国"的理念，强调法治和德治相结合，这是新时期党的治国方略的新辅助，是在深刻总结国内外治国经验的基础上做出的科学论断。1998年通过的《村民委员会自治法》确定了村民自治的大框架，在依法治国的大背景下实现了自治和法治的有机结合。然而，农村是熟人社会，大多数村庄是以家族为纽带构成的，因此乡村治理有其特殊性。历史上，中国农村治理是以德为核心的家族式治理模式，虽然有糟粕或不适应现代社会的一部分，但仍然有值得传承的精华部分，如孝敬父母、邻里和睦等，尤其是在熟人社会里，德治的作用非常显著。因此，十九大报告提出自治、法治、德治相结合的"三治"乡村治理体系非常及时，具有时代价值。

改革开放以来，中国市场经济体系取得了突出成就。目前，城乡居民整体上进入了生活富足阶段，物质供给得到了较大的满足。但市场经济观念对传统文化的冲击也是不容忽视的。在这样的背景下，在乡村治理体系中植入"德治"理念，用传统文化中"德"这一要素来沁润、感化、引导村民，使其自觉接受传统文化的约束，自觉遵纪守法，从而在更高的层次上实现自治。

第二章 乡村振兴战略的理论基础

第一节 中国古代的重农思想

早在原始社会部落联盟的尧、舜、禹时代,中国就出现了农业管理思想,设立了掌管治水、农耕、渔猎的官职。到春秋战国时代,列国并立,群雄争霸,富国强兵成为各诸侯国一致追求的目标。富国和强兵都离不开农业生产的发展。于是,形形色色的重农思想登上了历史的舞台。其中的"国富论""民富论""上下俱富论""轻重论""善因论""三才论"等,在历史上都产生过重要影响。

一、"国富论"和"民富论"

(一)"国富论"

最早提出"国富论"的代表人物是战国时期的著名政治家商鞅(约公元前395—前338年)。他是卫国公室的后裔,原名卫鞅,亦名公孙鞅。商鞅年轻时在魏国当过国相公叔痤的家臣,后应秦孝公之招入秦,力劝孝公变法图强,深得孝公信任,官至大良造。在商鞅领导下,秦国先后在公元前359年(秦孝公三年)和前350年(孝公十二年)两次实行变法,为日后的统一大业奠定了雄厚的政治经济基础。商鞅把"治、富、强、王"列为国家的最高政治目标。这里的"治"指社会秩序良好;"富"指国库充盈;"强"指军事兵力强盛;"王"即统一天下。要实现这一目标,必须大力发展农业生产。他说:"善为国者,仓廪虽满,不偷于农。"意思是粮食多了也不能放松农业生产。商鞅首次在理论上将农业定位"本业",而将农业以外的其他经济行业一概称为"末业"，主张"事本"而"抑末"。这就是我国历史上推行"重农抑商"政策的理论由来。"国富"是《商君书》中出现频率很高的词汇。但是商鞅的"国富"专指中央财政的国库充盈，是狭义的"国富论"。实现"国富"的途径，一方面要加强和发展农业生产；另一方面要增加税收，做到"民不逃粟（实物农业税），野无荒草"。由此可见，商鞅的"国富论"，实际上是一种重农与重税论。这在特定的时代条件下是暂时可行的和有效的，但同时也带有严重的历史局限性和利益分配的偏颇性，特别是在思想理论上对后来推行的"重农抑商"政策产生了长期的负面影响。

（二）"民富论"

与"国富论"相对立的是"民富论"。"民富论"的代表人物是孟轲（公元前322—前289年）。孟轲也像商鞅一样渴望国家统一，进而提出了所谓的"王道"。商鞅主张以武力征服达到统一，孟轲则主张用仁政感化达到统一。他说："不以仁政，不能平天下。"施行仁政，首先要使人民生活富足，安居乐业。孟轲提出要让农民拥有赖以生活的"恒产"，即耕地。他指出："民之为道也，有恒产者有恒心，无恒产者无恒心。苟无恒心，放辟邪侈，无不为己。"孟轲认为，圣明的君王治理天下，要做到"易（治）其田畴，薄其税敛，民可使富也"。人民的粮食充足了，生活富足了，难道还会有"不仁"的行为吗？孟轲反对法家的"禁末"（抑制工商业），认为社会分工是必不可少的，主张"通功易事，以羡补不足"。孟轲所竭力提倡的"仁政富民"思想，体现在农业经济政策上就是"重农不抑商"，这是很值得称道的。

二、"上下俱富论"

作为我国古代早期农业宏观管理理论的两大学派，"国富论"与"民富论"都主张男耕女织的小农经济，都重视发展农业生产。它们的主要区别在于，"国富论"主张富国以强兵，实现国家统一；"民富论"则主张仁政以富民，保持社会和谐，长治久安。"国富论"重在"立国"，"民富论"重在"治国"。

古代人们在长期的社会实践中，通过经验积累，研究出"上下俱富论"。"上下俱富"的核心是国家与人民一起富有。这种共富方式,避开了因为贫富差距造成的社会矛盾问题,并且与战国经济发展的整体走向相契合。以上观点,《管子》和《荀子》也集中做过阐述。

《管子》中的"上下俱富"是汲取了商鞅变法中的"农本"思想,认为发展农业才是国家和人民共富的基础,只有农业发达,才能真正实现"上下俱富"。

《管子》指出,人民生活富裕了,才会遵纪守法,提出了"仓廪实则知礼节,衣食足则知荣辱"的千古名言。同时指出,农业生产搞好了,才能抵御外敌的入侵,提出了"民事农则田垦,田垦则粟多,粟多则国富,国富则兵强,兵强者战胜"。但是,要建立一个富强而祥和的国家,应该是国与民同富,而不能把二者对立起来。他说:"善为国者,必先富民,然后治之"。显然,《管子》的经济观比商鞅的狭隘"国富论"更具有治国的实用性。

荀子的经济思想核心是"以政裕民",与今天常说的"政策兴农"很相近。如何"以政裕民"呢?荀子说:"轻田野之税,平关市之征,省商贾之数,罕兴力役,无夺农时,如是则国富矣。夫是之谓以政裕民。"这就是要求统治者要减轻农民的赋税负担,合理征收集市商品的交易税,减少商人(非农人口)的数量,少抽调民夫徭役,尤其不要妨碍农事耕作,这样国家就富裕了。荀子的理论贡献在于他第一次阐明了"国富"应当是国家财富总量的增加,并将之定义为"上下俱富",而在他之前的"国富论"往往只是指中央政府财政收入的增加。荀子主张通过"节用裕民"的一系列政策措施来管理和促进农业生产,他认为"饮用故多余,裕民则民富。民富则田肥以易,田肥以易则粟出百倍"。荀子特别反对搜刮民脂、聚敛无度的做法。他以激愤的语气指责"聚敛者,召寇、肥敌、亡国、危身之道也"。

三、政府控制的"轻重论"与市场调节的"善因论"

公元前206年,汉高祖刘邦在秦末农民战争中建立了西汉政权。汉初制定了重农、薄赋、节用为主要内容的一系列"与民休息"的政策,在经济管理上推行"无为而治",农业生产得到了极大的发展。然而,在"网疏而民富"的同时，社会各阶层的利益矛盾却与日俱增。国家应当如何管理国民经济，是继续无为而治还是加强控制干预，成为亟待解决的理论问题和现实问题。于是出现了主张干预甚至垄断国民经济的"轻重论"和主张减少对经济活动干预的"善因论"这样两个理论学派。

（一）"轻重论"

"轻重论"的代表人物是桑弘羊（约公元前155—前80年），河南洛阳人，少时入宫当汉武帝的侍从，官拜大司农、御史大夫等职。他是西汉著名的理财专家，参加过武帝时盐铁官营、均输平准和统一铸币等重要经济政策的制订与实施，对当时的经济发展和国家建设起过十分重要的作用。桑弘羊是历史上第一个敢于对"农业富国"正统思想提出异议的人。昭帝始元六年（公元前81年）召开的一次著名的"盐铁会议"上，在与参加会议的各方贤良的大辩论中，桑弘羊比较系统而集中地阐述了他的经济观。针对反对派提出的"衣食者民之本，稼穑者民之务也，二者修，则国富而民安也"的观点，桑弘羊反驳道："国富何必用本农，足民何必井田也。"他接着指出："物丰者民衍，宅近市者家富。富在术数，不在劳身；利在势居，不在力耕也。"这就是说，富庶的地方人口就会繁衍，靠近市镇的人家就容易致富。致富的关键在于技巧和手段，不在于苦力劳作；获利的关键在于住所（店铺）的有利位置，不在于种地耕耘。所以，桑弘羊等人竭力主张国家利用农产品交易中的价格变化规律，控制生产、分配、消费全过程以达到全面垄断国民经济的目的。这一过程的专门术语叫"行轻重之术"。

桑弘羊的理论依据有三，第一，影响市场商品价格的要素来自三个方面：①年成丰歉和农作物收获的季节变化，"岁有凶穰，时有春秋，故谷有贵贱"；②商人的囤积聚散，"聚则重，散则轻"；③政府的赋税征收，"急则重，缓则轻"。第二，国家可以利用"物多则贱，寡则贵"的物价变动规律来增加财政收入，"人君操谷币金衡而天下可定也"，这么做即使不向人民征收人口税，财富也会流入国库之中。第三，国家利用"轻重之术"来聚敛财富，在政治上也有多方面的好处："取之于民而民无以怨"；避免巨商大贾"豪夺吾民"；能使黎民百姓"无不系于上"。因此，主张"行轻重之术"以实现国家对农业生产和社会财富的调控与管理。

(二)"善因论"

善因论是西汉司马迁认为采取经济放任政策比干预更有利于社会经济活动的思想,与桑弘羊提出的"轻重论"恰恰相反。司马迁认为国家的发展应该顺应经济的发展,减少对农业活动的干预,让农业发展顺其自然。《史记·货殖列传》的核心观念是"因之",即顺应自然。司马迁在此基础上加上"利道之",这是指可以通过某些利于民的方法,引导人们从事一些对国家经济增长有帮助的事情,从思想观念加以教育,这是"教诲之",此外,还可以采用国家的法律法规政策对行为加以约束,这是"整齐之"。由上可知,司马迁所提出的"善因论"并非无政府管理约束,他认为政府在经济活动中扮演的角色起到管理者的作用,对经济活动中出格部分加以约束、整改。因此,他认为轻重论学派所提出的干预是"最下者",即最坏的经济政策为国家直接从事经济活动,与民争利。这是对汉武帝时期进行盐铁官营、均输等经济政策的强烈反对。

司马迁的理论依据如下:

首先,经济活动的动力来自人们的求富欲望。他说:"富者,人之惰性,所不学而俱欲者也。""天下熙熙,皆为利来;天下攘攘,皆为利往"。百姓用不着政府去干预,但是对那些"奸宄弄法"的人,必须实行惩罚制裁。

其次,人们的物质需要是多方面的。司马迁有一段话很精彩:"农而食之,虞而出之,工而成之,商而通之。此宁有政教发征期会哉?人各任其能,竭其力,以得所欲。故物贱之征贵,贵之征贱。各劝其业,乐其事,若水之趋下,日夜无休时。"意思是:农、虞、工、商是国家的四大经济部门。只要人们依法从事经济活动,政府就别去干预他。某种商品的价格低了人们会减少生产,自然就会变贵(物贱征贵),反之也一样。

最后,人们的贫富差别是由于人的能力大小造成的,"巧者有余,拙者不足",是天经地义的事情。总之,司马迁提出的"善因论"经济观点,是对西汉前期无为经济的全面肯定和经验总结,"利道""教诲""整齐"等手段的运用可以实现"上下俱富"的目标,也能改善经济活动中存在的诸多不足。

四、农业"三才"论

古代思想家对农业与自然环境、农业资源配置利用等问题也提出过许多经世致用的思想,"三才论"是其中具有农业哲学意义的一个宏观性的理论。

"三才"始见于《周易》"说卦",专指哲学概念的天、地、人,也称天道、地道、人道。战国时代的许多思想家从不同角度论述了"三才"之间的相互关系。管子将"三才"称为"三度","所谓三度者何?曰:上度之天祥,下度之地宜,中度之人顺"。孟子指出"天时不如地利,地利不如人和"。荀子从治国理财的角度强调"上得天时,下得地利,中得人和",才能实现国家富强目标。《吕氏春秋》第一次将"三才"思想用于解释农业生产:"夫稼,为之者人也,生之者地也,养之者天也。"这里的"稼",指农作物,也可泛指农业生产活动,"天""地"则指农业生产的环境因素,"人"是农业生产活动的主体。这段话是对农业生产诸要素之间的辩证关系的哲学概括。其中突出特点在于它阐述了农业生产的整体观、联系观、环境观,在我国传统农学中占有重要的指导性地位。

北魏农学家、《齐民要术》作者贾思勰继承和发展了"三才"思想,他指出人在农业生产中的主导作用是在尊重和掌握客观规律的前提下实现的,违反客观规律就会事与愿违,事倍功半。贾思勰指出:"顺天时,量地利,则用力少而成功多。任情返道,劳而无获。"他甚至将"任情返道"(违反客观规律)的行为讽喻为"入泉伐木,登山求鱼"。在"三才"农业哲学思想影响下形成的中国传统农学,特别强调生产安排的因时、因地、因物制宜的"三宜"原则。明代农学家马一龙对此有一段富于哲理的阐述,他说:"知时为上,知土次之。知其所宜,避其不可为,力足以胜天矣。"

在"三才"思想所推崇的农业环境观影响下,我国在公元前三四世纪以前就产生了保护农业资源的意识,并在政策措施上予以体现。《礼记·月令》中明确规定,在"天气下降,地气上升,天地和同,草木萌动"的孟春季节,"禁止伐木,毋覆巢,毋杀孩虫,胎夭,飞鸟,毋麛毋卵"。及至仲春之月,除了要求统治者"毋作大事,以妨农时",同时还强调"毋竭川泽,毋漉陂池，毋焚山木林"。这种资源保护意识普遍受到先秦思想家的认同和重视，有关的论述不胜枚举。例如，《吕氏春秋》说："竭泽而渔，岂不获得，而明年无鱼。"荀子说："污池渊沼川泽，谨其时禁，故鱼鳖优多而百姓有余用也。"还特别强调要做到"网罟毒药不入泽，不夭其生，不绝其长也"。孟子说："斧斤以时入山林，林木不可胜用也。"当我们拂去历史的尘封，这些先知先觉的资源保护思想，在今天依然放出夺目的光芒。

五、对重农思想的评价

重农思想是在传统农业社会的历史条件下提出的，带有深刻历史局限和时代烙印。

（一）维护封建专制统治是重农思想的出发点

重农思想的核心是"以民为本"，然而在实际的封建统治中，民作为最下层阶级，由君统治，成为被管理的对象。重农思想的根本是建立在皇权基础上，让人民的思想能遵从皇权和官僚的约束。在封建统治下，农民的思想受到压抑，无法平等追求自身的利益，农民的权益受到威胁或者被剥夺。当威胁到农民生存的时候，就会引发一系列的农民战争。通过不断的政治交替，往后的王朝封建统治者，逐渐意识到农民在国家治理中的作用，逐渐提出一些"民为邦本""民贵君轻""吏为民役"思想。这些思想的提出，一定程度上维护了农民权益，减少了阶级矛盾的出现。但是这些思想若不能长期实施，根本不可能实现真正的"长治久安"。

（二）加大对农民的剥削是重农思想的本质

中国至今仍然是一个农业大国。因此，农业社会的很多特点都延续至今。比如，之前的以农养生，人们的生活需要农业的支持，国家想要正常维持发展，必须做好农耕经济。古代的君主，深知农业发展对政治稳定的重要性，因此他们推崇重农思想，并将土地、户籍和赋税制度放置到一起，进而形成一套完整的封建社会统治制度。随着经济的发展，农耕经济也出现过几次比较大的改革，重点在税收的交纳方面，但并未从根本上剔除纳税，因此很多农民无论土地收成如何，都要交纳繁重的赋税。由此可见，传统的农业思想，并未从根本上剔除农业发展的"毒瘤"，只是加重农民的负担。

简而言之，重农民之"力"，而不重农民之"利"。在这种社会制度下，农民即使生产再多的农产品，也没有完全享有劳动成果和自由买卖的权力，要么体会被无偿掠夺的滋味，要么忍受终年劳役的痛苦。我们从《诗经·魏风》中就可以看到，春秋时代农民就有"不稼不穑，胡取禾三百廛兮"的不满。后来更有不少文人写下了数不清的怜悯农民、同情农民的诗文，发出了无数像"苛政猛于虎"一类的惊叹。封建王朝的统治者若是毫无顾忌地对农民加重赋税，不顾实际的农民收益，一旦超出农民的承受范围，农民为了生存，便不得不发生暴动。历史上这种事件屡见不鲜，但并未有一个封建统治者彻底改善该问题。因此，对于传统的封建王朝，重农思想只是国家发展的必然选项。虽然也出现过短暂的农业文明，但是由于统治者的赋税过重，导致农民权益受损，根本的农业问题仍然得不到有效解决。

（三）重农思想不重视科学技术的发明创造

重农思想本身是要协调好农业活动、人与环境三者之间的可持续发展关系。历届王朝的统治者也明白重农思想对农业经济发展的重要作用。因此，其指定的农业政策都是建立在该思想的基础之上，对农业社会进行宏观调控，但并没有改变农民利益受损的本质。此外，古代人民的认知有限，缺少对科学的追求，导致技术层面落后。究其根本，是因为科学技术的落伍，导致农业文明远落后于工业文明，加上当时封建思想的影响，科技被摒弃。14世纪欧洲兴起文艺复兴活动，文艺复兴最先在意大利各城邦兴起，之后扩展到西欧各国，于16世纪达到顶峰，形成一段科学与艺术革命时期，揭开了近代欧洲历史的序幕，被认为是中古时代和近代的分界。然而，在西方正热切追求科学技术的同时，当时的清朝还处于闭关锁国阶段，科举考试还停留在八股文时期，由于其对人民的思想迫害，导致社会发展停滞不前。这也是强盛了几千年的东方会被西方社会的科学技术打败的原因，是西方的发展远远快于中国的原因。

（四）重农思想造就封闭的自给自足的小农社会

封建社会的重农思想以小农经济为出发点和终极目标。它的全部制度安排都是为了巩固小农经济的社会基础。因此，封建社会无论从思想上还是制度上都更愿意接受"重农抑商"的政策。"重农抑商"将工商业的发展压制在农业发展之下，这一决策，导致工商业发展的滞后。当时的中国也逐渐养成小农安富的思想，不追求改革。此外，由于科技的落后，我国虽然具有辽阔的水资源和先进的航海技术，但是被称之为"内陆国家"。郑和下西洋比西方哥伦布发现美洲整整提前了近100年，然而这时候的中国却从开放走向了闭关锁国。此外，各资本主义国家对经济发展的态度均为自由主义和重商主义，利用国家机器来维护该国资产阶级，以外交、经济乃至武力为该国资本主义发展寻求殖民地，对于采用贸易壁垒等利用政府封闭该国市场的国家，一律以武力解决，再以不平等条约来确定开放市场的法律依据。重农思想主导下的封建社会，使我们失去了一次又一次的发展机会。这段沉痛的历史，永远值得中华民族铭记和反思。

第二节　西方经济学派关于乡村发展理论

西方经济学家大多把农业看成是促进工业化的一种手段，它的作用主要是向工业提供过剩劳动力、资本和粮食。下面分别介绍五个典型西方经济学家的观点。

一、刘易斯的乡村发展理论

许多西方国家的学者都在研究乡村发展理论，著名的发展中国家的二元结构是由美国名为阿瑟·刘易斯（Arthur Lewis）的经济学家所提出，这也是美国乡村理论中的著名理论之一。阿瑟·刘易斯是著名的发展经济学家，曾经获得诺贝尔经济学奖。在20世纪50年代，阿瑟·刘易斯对发达国家经济发展的相关经验和材料进行了研究，其研究成果《劳动力无限供给条件下的经济发展》在1954年成功发表。在这篇文章中，他提出了著名的乡村发展理论——发展中国家的二元结构。他认为发展中国家的发展依托两个部门，一个是传统部门，在传统部门中影响力较大的主要是农业部门，在这一部门人口存量大，边际生产率低，劳动人口大多都从事手工劳动，不使用再生产性资本，因此收入水平比较低；另一个是现代部门，在这一部门，生产活动基本上都是机器运作，生产率高，劳动人口的收入水平比传统部门要高。"发展中国家的二元结构"理论表现的乡村发展的核心问题的解决方法是推动传统部门与现代部门的资源互补。

二、拉尼斯与费景汉的乡村发展理论

为了进一步深入研究乡村理论，美国的很多学者投入到乡村理论的研究当中。其中，耶鲁大学以拉尼斯（G.Ranis）与费景汉（John C.H.Fei）为代表的学者在刘易斯的"发展中国家的二元结构"理论的基础上进行了进一步的完善，并由此提出了系统化工业化理论。他们认为经济的发展有以下三个阶段。

第一阶段为农业劳动力向工业转移阶段。随着社会的不断进步，工业得到迅速发展，各类工业的发展也吸引了大批劳动人口的迁移，而这些劳动人口大部分来自农业。

第二阶段为促进农业增长阶段。工业的快速发展让农业中大量劳动人口流失，农业中剩余劳动力逐渐下降，而农业是工业增长的重要保障。因此，为了稳定工业的增长，需要不断促进农业增长，以保证农产品供给的安全，防止粮食价格大幅上涨等现象的发生。因此，需要不断提供农业剩余，提高农业生产率，以更好地促进二元经济的转型升级。

第三阶段为农业改造阶段。在这一阶段，工业的发展趋于稳定，并逐步带动农业的现代化发展。这也是农业的现代化改造时期，在这一时期二元经济向一元经济转化。

三、舒尔茨的乡村发展理论

美国的许多学者都对乡村发展进行了深入研究，除了上述学者之外，美国著名的经济学家舒尔茨（Theodore W.Schltz）在20世纪60年代也对乡村农业的发展进行了研究。在他的《改造传统农业》一书中，他认为要足够的重视农业的现代化发展，农业也能够为一个国家经济的发展做出重大贡献，要对发展

中国家的农业进行现代化改造，并提出了改造传统农业的具体措施及改造重点。同时，舒尔茨也论述了在发展中国家，传统农业必须进行现代化改造才能为国家经济增长做出贡献。对于改造传统农业，他提出了相应的意见：首先，要对农业劳动者即农民，进行专业化的培训，通过相关讲座等形式的专业化培训，让农民学习更多先进科学的方法和技术；其次，要健全农业发展的市场机制和制度，建立的机制和制度需要立足实际情况，适应市场化的发展需求，通过所有权与经营权合并激励农民生产，提高土地生产率；最后，引进现代农业生产要素。为了适应时代的发展，农业的发展必须进行现代化转型，这也是改造传统农业的关键环节，要创造良好的生产条件，以更有效地引进现代生产要素。政府与各类企业要积极研发现代化农业生产要素，政府要将这些现代化要素进行大力推广，让农民在了解的基础上接受并学会使用这些要素。

四、托达罗的乡村发展理论

随着工业的不断发展，发展中国家经济也得到一定的发展。社会经济的发展加快城市化的进程，城市的发展也在吸引农村的劳动力。到20世纪20年代以后，工业的发展规模继续扩大，发展中国家城市的发展更加成熟，而农村人口向城市流动的速度还在不断加快。但是在这一时期的发展中国家城市中，失业现象越来越严重。之前，很多学者都将研究重点放在工业与农业的关系方面，而托达罗（Michael P.Todaro）则将研究重点转向城市与农村之间的关系。在此基础上，托达罗提出了二元模型，以解释城乡之间的人口流动现象。他认为，在农村的劳动力能够实现充分就业，劳动力自身预计能够得到的报酬与实际获得的报酬基本上相等；但是在城市中的劳动力则无法实现充分就业，而且，在城市中还存在严重的失业现象，这导致城市中的劳动力在就业方面具有不确定性，因此劳动力的预期收入与实际收入不对等。其原因主要为以下两点。

第一，在发展中国家城市的现代化发展过程中，很多企业抓住机遇得以发展，各类企业的发展也促进了城市资本的不断积累，使经济得到发展，进而吸引外来投资，也带来了先进的技术。在此过程中，各行各业也创造了许多就业机会，为劳动力就业提供了许多选择。因此，如果城乡实际收入不变，那么城乡之间预期收入的差距会越来越大，城市的失业现象也会更加严重。

第二，城市现代化的发展促进技术的进步，先进的技术提高劳动生产率，节省大量的成本，对劳动力的需求也逐渐减少。

随着城市化进程的不断加快，越来越多的农村劳动力进入城市就业，城市的就业压力逐渐增加，而农村的发展仍然落后于城市，进而使城乡之间的差距越来越大。为了缩小城乡之间的差距，实现城乡一体化发展，政府应该向农村投入更多的资金，将先进的农业知识及技术引入农村，改善农村生产条件，优化农村生活环境，建设现代化农村。

五、罗斯托的乡村发展理论

在国家实现工业化的过程中，需要经历不同的发展阶段。罗斯托（Walt Whitman Rostow）在经济现代化理论的基础上，将国家经济的发展过程分成六个阶段：第一是传统社会阶段，国家经济主要以传统农业为主；第二是准备起飞阶段，国家经济新兴产业萌芽，工业化起步；第三是起飞阶段，各类工业化企业正式起步发展；第四是向成熟推进阶段，各类产业发展到一定程度，逐渐趋于成熟；第五是高额消费阶段，国家的经济发展迅速，人们的消费能力不断提高；第六是追求生活质量阶段，人们物质方面在得到满足以后，更加追求生活的质量，不只局限于基本生活需求。

第三节 马克思主义关于乡村发展理论

马克思、恩格斯与列宁三人主要看重农业的重要性，并以其普遍规律为开端，认为农业处于人民经济的基本地位。并且三人还通过不断分析资本主义下的工业、城市与农业、乡村之间的联系和未来的进展趋势，从社会主义建设及无产革命需求方面探究工业与农业联合，不断思考如何从社会建设方面解决来自农民、农村、农业的发展问题。在不断的探索中，三人通过应用历史和辩证唯物论的基本知识原理，合理预测了未来农民、农村及农业的发展走向。

一、强调正确处理农民、农村和农业问题的重要性

马克思主义经典作家历来都十分强调农业在国民经济中所具有的基础性地位。他们指出：

（一）农业生产是人类生存和"创造历史"的首要条件

衣、食、住、行是人们生命活动的基础，是能够生活的前提，而只有在拥有这个前提的情况下，人们才具备改变及创造历史的能力。因此，生产劳动是所有历史活动的先行者，而第一个人类的历史活动也是能够创造这些基础物质的活动。这也说明物质产出即是生活自身，是所有人类能够得以存在的基本保证。

（二）超过劳动者个人需要的农业劳动生产率是一切社会的基础

在社会生产过程中，农产品产出时间与其他非农产品的创造时间呈反比，即社会中财富的积累、精神文化的提升都会伴随着事物商品的制作成本及耗费精力的减少而得到增加。

（三）农业劳动生产率制约着农业和工业之间社会分工的发展程度

进行食物生产的农业劳动是保证其他所有生产工作可以单独存在的先决条件，只有在保障农业足够的生产效率，并能提供富裕的粮食产品后，才能实现农业与工业单独的庞大工作。

（四）农业劳动生产率决定着农业人口向城市和非农产业转移的速度和规模

马克思主义经典作家认为，不考虑对外交易的前提下，农业工作者创造出的额外农产品数量决定了不进行农业生产的工人们的数量。

（五）农业是国民经济的基础

马克思主义经典作家认为构建及加强工业与农业之间的联合关系，对于农民较多的国家而言，直接影响着社会主义思想的改革及最终成果的展示。因此，马克思在此观点方面做出了指示，认为在反对资本主义制度及农民或小资本主义者被迫认可自身是无产阶级的领头人之前，推动革命进程的无产与资产

主义民众抵制资产阶级的规则，对工人们的工作进程没有推进作用，也不能影响其阶级统治。他还指出，如果无产革命者不能与农民站在一起，那么其在任何一个以农民为主的国家的战斗中都是孤立无援的。

列宁则从社会主义建设的高度谈到巩固工农联盟的重要性。他指出："工农联盟——这是苏维埃政权给予我们的东西，这是苏维埃政权的力量所在，这是我们取得成就、取得最终胜利的保证。我们帮助农民，因为这是我们保住政权所绝对必需的，专政的最高原则就是维护无产阶级同农民的联盟，使无产阶级能够保持领导作用和国家政权。"

二、总结农业发展和现代化的一般规律

马克思与恩格斯研究了英、法、德、美等国资本主义发生、发展的过程。列宁考察了俄国资本主义发生、发展的过程。马克思与恩格斯建议用"资产阶级社会"和"工业和商业社会"这样的说法来表示同一个社会发展阶段，因此他们对这些国家资本主义发生、发展过程进行考察，同时也对这些国家19世纪中期以来城市化、工业化等现代化进程进行考察。对农业发展和农业现代化的分析，构成他们现代化理论的一个重要组成部分。他们的农业发展和农业现代化思想，概括起来主要有如下三个方面。

（一）农业现代化的过程也是农业中的商品经济代替自然经济的过程

农业社会应该是以独立自主的天然经济为主要形式的社会形态，这是马克思与恩格斯一直提倡的观点。他们还认为在农业发展中商品经济的开端，应该是通过资产主义改革，使农业中的农民能够自由自在地生活，并摆脱保守的人身捆绑形式，使其能够自由地买卖或出租自身所拥有土地的权利。这样通过货币的土地租赁形式取代其他形式的土地租赁形态，将土地拥有者与租赁土地的使用者之间的联系变成简单的金钱买卖与合同协议。在工业生产与城市发展的进程中，对农业商品的需求也越来越大，这也是农产品发展的力量。因此，在农民向工业与城市转移及国外移民的同时，为农产品进入国内与国外市场提供了条件。但在这些发展的同时，由于工业品的低价格生产，逐步损害家庭手工业作为农民副业的经济利益。这种小规模的产出，被大规模的工业生产逐步

取代，使得以家庭为主的小型农业陷入困境，甚至到欠债、破产的地步。土地使用者、拥有者及经济状况好的农民变成了农业产品生产的主要力量，而农业产品因为生产规模的不断扩大和利益的不断集中，商品率也越来越高。这种形式下发展而来的现代商品化农业逐渐代替传统的农业形式。现代化农业等同于商品化农业，要开发现代化农业需要迫使自给自足形式变成贸易交换的商品化农业形式，使农业生产的商品率不断升高。

（二）农业资本化、企业化经营对现代农业发展具有推动作用

在对英国原来的资本累计的研究中，马克思发现了一个新的阶级的形成，即"农业企业家阶级"，这是商品化农业的最新产物。这些人将农业生产当成现实的事业，应用工厂或者企业的管理方式，承担起如何应用经济资源、生产活动及科学技术等实现对工作者的管理、掌控、指导及监察。马克思还提到，农业企业家从事农业方面的投入的主要目的是在获取付出的资本之外还要获得额外的利益，并且要保证在投入这方面要高于对别的投入所获得的利润或者高于基本的获利。持续的高水平农业利润，使得城市中生产活动的利润降低，进而趋向农村发展，在农业中寻找可发展的道路，这是农业企业家不断追求经济的强有力的动力。在其研究中还发现，包括英国在内的其他国家的农业企业家通常会进行一些行为来增加自身财富，主要方式包括：加强经营管理的规模，通过扩展农业耕地的面积，大力扩展农场，实现大规模管理。与此同时，为了节约成本，将现代化设备应用到农业中，减少其他方面的经济支出。发挥集合要素优势，节约生产成本管理，通过增加投资或者提高劳动者的工作任务等方式获得超出定额的利益。在生产中根据劳动者的能力差异进行合理的分工，通过合作和实现不同管理来增加工作技能，使更多人掌握多种工作能力，以帮助企业获得多倍的剩余价值。随着科学技术的进步，不断提高农业生产的科学工艺，通过专业人员将科学成果与农业相结合，以提高农业生产。另外，在长时间租赁或者税务水平比较低的情况下，通过提高农业设备工作效率及农产品运输条件来增加农业固定资本的投入。马克思认为，农业企业化管理使现代化农业在西方得到大力的发展。这使得生产力快速发展，农产品的数量不断增加，农业企业家的钱包快速鼓了起来。

（三）农业工业化引发现代大农业取代小农经济的农业革命

马克思指出，工业化进程首先发生于城市和工业领域。机器大工业的发展使得有固定工作时间和严格劳动纪律的工厂制度成为工业生产的普遍组织原则，现代工场手工业和家庭劳动逐步过渡到机器大工业。机器大工业既是技术革命的产物又是新技术革命的催化剂。马克思和恩格斯将农业企业家在农业中的机械应用及其与农业生产劳动者之间产生关联而引起的变革，称之为"农业革命"。而在城市生活及工业方面已经被覆盖的工业革命与机器工业逐渐向农业延伸，逐渐开始运用机械优良耕种及化肥等具有农业特色的工业生产。这使得农业工业化引发了农业生产的变革。在这种形势下的农业企业家，不仅能够应用工业化、良种化及能力优良化来全面提升劳动成果，增加农业产物的生产量，而且还能将一成不变及不科学的传统农业管理方法，转变为自主应用、合理科学的工作方法。在农业方面，雇佣工人取缔农民这种传统方式，阻碍大工业的发展。其中最为主要的改变是快速瓦解小型土地及产业所有权的经济形势。由于小型土地所有权这种性质的社会形势，本质上是在抵制劳动生产、破坏社会形势、阻止社会财产的蓄积并使科学及畜牧业的规模扩大速度降低，因此高利润的贷款及纳税机制一定会随着社会的发展而代替这种社会形势。小块土地所有制的应用会导致资本主义在土地上的介入，这一定会使农民失去耕地的权利，而劳动者在生产中所需要的资源与工具也不断被肢解。对于企业本身来说，则会被没有限度的隔离。人力资源发生极大的损失，劳动者的工作条件会逐渐恶化，生产原料却随之上升。而农业革命的发生，结束了小农经济无法改变的贫穷趋势，使一成不变的小块土地所有制逐步退出历史的舞台。与小块土地所有制相反的现代化农业形式，则以企业家与工人联合为生产管理的主要形式，并且使农业发展逐步合理化，使其首次具有向社会化趋势发展的可能性。

西方农业的进展路线的基本特色与规律由商品、资本、企业、工业及社会五位一体的交汇而成。企业家们为了利益及增加自身产品的输出，不断增加机械使用率，并改善农业技术，充分利用一切资源，合理运用现代化工艺，扩大管理模式，进一步促进农业的全面发展。这种形式的农业生产，使得传统形式中被土地所限制的农民得到解脱，并投入到城市或工业的建设中，社会身份由农民变为工人，实现社会关系的巨大转变。这也为未来可能出现的新型高端的社会形式创造经济及夯实社会基础。

三、对城乡、工农差异的剖析

马克思主义经典作家指出，工业化的特点决定了其发展始于城市。工业化的飞速发展及农业的相对迟缓发展导致城乡、工农业之间的差距出现并逐渐拉大，因此近代以来城市统治乡村的现象开始出现。城市的高速发展为居民带来了更高的收入，经济基础决定上层建筑，城市居民的文明程度日益提升。这也是城乡、工农业差别形成的原因。下文将就此及如何缩小这种差距展开论述。

（一）城乡差别和工农差别形成的原因

1. 商品经济在城市和工业部门的发展速度和程度快于农村和农业

商品经济的特点是针对需求生产，生产的目的是交换。在城市工业化进程中，商品经济得到快速发展，但农业与农村经济则不同。农民家庭依靠男耕女织的自然分工而维持着自给自足的生活，因此对于交易的渴求度较低，农业产品转化为商品较少。因而工业优于农业，商业优于工业。

2. 工业比农业发展快，劳动生产率更高

随着工业化进程的推进，工业影响力不断深化，很多的行业受到其影响，其中就包括农业。农业因其落后的生产条件和客观因素的限制，长期处于低生产率阶段，发展速度远逊于工业。农业的发展速度慢有几方面的原因：一是自然条件对农业的影响较大；二是劳动方式依赖人力，难以提高工作效率；三是农业生产者缺乏创新，因循守旧；四是农业生产不具规模化，而具有小而散的特点；五是投入高（土地）且流动性差。

3. 城市工人在提高工资水平方面处于比农业工人和农村家庭工人更为有利的地位

工人相较于农民具有更强烈的提高工资的欲望，也具备更好的条件达成提高收入水平的目标。这主要在于以下两方面：①工人处于城市中，失去了土地带来的保障，工资成为了唯一的谋生途径。农民能够依赖土地收入，拥有最低保障，对于其他经营收入无绝对依赖性。②城市中的工人集中于工厂中，人数较多，能够通过组织运动给资本家施压来达到目的，农民小而散的特点缺乏凝聚力，无法形成规模化的运动，难以对资本家形成压力。以上两个方面造成农民收入水平低于工人并长期保持这一现状，而工人的工资水平随着资本家的资本累积不断上升，两者差距逐渐拉大。

4. 城市文明和工业文明的熏陶使城市居民的文明程度高于农村居民

就文明程度而言，城市居民具有能提高文明程度的外在条件，这与生产生活方式及教育程度息息相关。从生产生活上讲，城市居民生活同工业文明发展紧密相连，基于工厂生产需求而诞生的工人工作体制决定工人的工作有一定规律性，必须有组织、有纪律地进行，这有利于生产效率的提高，也给工人的个人精神面貌带来了影响；从教育程度上讲，工厂的劳动需要一定的技术，因此工人会在工作中受到相应的职业培训，久而久之城市居民的受教育程度普遍高于农村居民。生产生活习惯上的不同使得城乡居民的生活状态差异逐渐显现，教育程度上的差距使得二者的收入差距日益增大。

（二）缩小城乡差距和工农差距的探讨

城乡差距普遍存在，但随着现代化进程的深化在逐渐缩小。特别是在发展历程较长的发达国家，城市化程度的不断加深拉近了城乡差距。经典作家通过考察，总结了城乡及工农业方面差距不再扩大甚至逐渐减小的主要因素，主要包括以下几个方面：一是生产要素的流动性增强，组合方式更为多样；二是资本竞争及资本在各产业部门及城乡的覆盖面扩大；三是城市化进程带动城乡一体化形成；四是政府监督和对经济的政策性调控。具体到有效的因素上，主要有以下七个。

1. 乡村工业化及劳动力的非农化

乡村工业化和劳动力的非农化是一体的，随着农业产业化的发展，小农农业必然被淘汰，由此造成的农村劳动力过剩问题需要解决。这就导致部分农村劳动力需要通过工作来获取报酬，如果都进入城市则会对城市造成冲击，因此劳动力在农村从事工业劳动成为有效的解决方法，即乡村工业化。关于乡村工业化和劳动力非农化的研究，马克思和恩格斯以现实为依据总结出两种模式：一是交通运输带来的工业扩散，扩散方向为"城市——农村"，由此产生乡村工业化及劳动力非农化，此模式的代表国家为英国；二是非扩散乡村自发性工业化及劳动力非农化变革，此模式代表国家为德国。无论哪种模式，乡村工业化和劳动力非农化催生出主副业兼具的小农阶级，他们的主业为工业劳动，副业为农业劳动，生产的产品与商人进行交易以获得报酬。乡村工业化催生出大量的家庭工业，大量的家庭工人同样是现代大工业的组成部分。在工农业兼营的情况下，农村居民的收益直线上涨。乡村工业化是工业化进程中必然出现的阶段性现象，是城市化发展的缩影。在此基础上，工业发展的集中性将促使新的工业中心诞生，出现新的城市。

2. 人口的自由迁移及全面流动

人口流动性与农业工业化之间有强烈的关联性。传统的农业社会人口相对固定，不同地区之间鲜有人员流动，因而农业人口与土地被捆绑在一起。近代以来的工业化进程推动农业工业化的发展，将农民从土地上解放出来，在提高其收入水平的同时，也为现代大工业发展提供足够的劳动力，这也得益于交通为人口流动所提供的便利条件。关于人口流动与农业工业化的关系，马克思的观点如是，恩格斯也就人口迁徙发表过理论，见于《英国工人阶级状况》中，大意如下：工业发展需要劳动力，高薪可以吸引农业人口进入城市工厂中，成为工人。可见人口迁移与工业化的发展息息相关，同时农村人口向城市的迁移也为农业发展提供机会，农业人口的减少必然需要农业生产效率提高，因此规模化与机械化成为发展方向，农业人口的急剧减少也带来高薪的"副作用"。薪资成为人口迁移的动力，人口迁移又能够对薪资产生影响，因此自由迁徙能够平衡城乡劳动者的收入水平。另外，工作地与家庭所在地的分割，能够产生薪资增加效应，用工作地的高收入来承担家庭所在地的较低支出。这样不仅能够提升家庭的生活水平，还能对较贫困地区的经济发展起到推动作用。由此可见，人口的自由流动能够对城乡及工农业的差距缩小起到有效作用。

3. 农村人口城市化

对于城市化，马克思与恩格斯有相同的看法，他们认为工业化必然少不了城市化。工业大发展的影响广泛而深远，千百年来农业的固定状况被打破，将农业人口与土地分离，汇集到工业中心的城市中，城市不断扩张，又不断吸纳劳动人民，形成人口密集、劳动力众多、发展迅速的工业中心城镇，甚至由于工业人口的汇聚形成新的工业中心和城市，城市化进程吹着时代的号角猛烈前进。在此过程中，诞生了大量的工业无产阶级，并被现代生产模式汇聚到一起。人口密集的城镇的生产生活都体现集中的特点，资本也大量汇集到城市当中，政治也随之集中在此。与此相反，农村呈现出的是一派分散的景象。马克思和恩格斯对于城市化对经济的推动力毫不怀疑，城市体量不断增大，所具备的公共设施也越来越丰富，最新的成果也会诞生于此。各行各业想要发展都会选取具备优良条件的环境，能够用最少的代价获取最大的便利。城市不仅提供企业发展所需的环境和原材料，更是提供市场和消费者，因此城市必然快速发展。列宁在研究俄国经济发展后也得出相同的结论，即城市化改变了农业生产，将农业文明逐渐转化为工业文明，从发展上讲，有效拉近城乡和工农业的差距。

4. 产地的自由交易及产地的集中

关于产地的自由交易，马克思和恩格斯认为这有利于产地的集中，能够促进农业现代化发展。马克思认为，土地所有权的分配要根据实际情况而定。在以农业为主的时代，农业人口占人口总数的绝大多数，孤立劳动是普遍状态时，小土地所有制是最恰当的分配方式。但时代在发展，现有条件下小土地所有制并非最恰当的方式，它不仅无法促进生产效率的提高和经济的发展，反而会起到抑制作用，对工业和农业都不利。反之，大土地所有制则在压缩农业人口的同时，使工业人口不断增长，出现劳动力失衡的状况。对此恩格斯也持同样观点，他认为土地所有权不能实现完全自由，否则大土地所有者拥有的权力过大，过度分割，而小地块的利用价值不大，因此土地自由要限制在一定的范围内，不能极端化。产地集中是实现土地生产最大化的重要条件，只有土地集中才能实现机械化和合理分工，提升农业地位，促进农业农村发展，缩小城乡和工农业差距。

5. 资本的自由竞争及自由转移促使城市工商业资本流向农村和农业

对于资本的流动，马克思和恩格斯的看法是：资本先是由城市发端，逐渐发展壮大，而后逐渐开始对农业产生影响。前期城市吸引农村的资本逐渐发展，农村的劳动力也由于薪资原因被吸引到城市中；但逐渐失衡的劳动力分配和资本的不均衡状况加剧，使城市工业生产和商业活动开始发生变化，利润率下降，此时农村仍然有较大的潜力，潜在利润巨大，资本开始从城市向农村转移，实现资本流转。古典政治经济学对此有总结：城市资本中由农村而来的部分，在利润率降低时，选择回到农村发挥作用，资本在城市利润降低时能够快速扩张到农村地区。与劳动力平衡薪资标准相似，资本流转能够起到平衡城乡利润的作用，从而缩小城乡和工农业的差距，拉近工农业劳动者的薪资水平。

6. 农村居民组织文化程度的提高

马克思和恩格斯对农村居民的组织文化程度十分看重，因为这关乎农村居民的利益和处境。英国工人联合会在19世纪中后期发动工人进行的罢工等行动起到实质性作用，这一轮活动给土地所有者敲响警钟，他们与农场主一道主动提升农业生产者的薪资，幅度高达25%～30%。这也与大量罢工的农业劳动者转向城市、农村劳动力不再充足有关，前往城市的劳动者拿到农业生产得不到的高薪，留在农村的生产者也因此提高收入水平。这次运动带来的影响远不止于此，它也给无产者提供了思路，让他们意识到必须要反抗资本的压迫才能过上好的生活。意识的觉醒促使农业工人建立组织为自己发声，利用工人运动等手段为自己争取权益，提升生产保障和生活水平，城乡和工农业差距在此间也逐渐缩小。列宁认为要向农村输送知识和技术，促使双方的交流和利益互补。

7. 国家的帮助

在工业化和城市化过程中，国家发挥着不可替代的作用，马克思和恩格斯也注意到这一点。以英国为例，英国通过《工厂法》《济贫法》等一系列法律的颁布施行对工业化和城市化过程进行干预，有效缓解了一定的社会问题。《工厂法》的推行规范了英国工厂的行为，与根据发展状况及产生的新问题出台的补充条例一道，对英国的工业化和城市化产生正向的引导。《济贫法》关注到农业工人的窘迫生活，政府对其困境伸出援手，缓解农业工人压力，将农业工人向工厂中输送。政府通过立法对工厂的环境和设施提出标准化要求，严格规定工人工作时长，提出解决工人的教育问题，并对贫民聚居区的公共卫生进行改善。马克思和恩格斯关注到公共基础设施对农业发展的重要作用，并认为这与政府职能分不开，政府应该对此予以关注和解决。例如，农业发展中至关重要的灌溉和交通设施，一旦建成便能成为农业发展的有效保障，不仅能发展农业，还能促进水利、交通事业的发展，有效杜绝饥荒的发生。但建设此类公共基础设施投入巨大，只有政府能够承担，这也是政府的职责所在。他们还提出国家应该对农村居民予以更多的关注和帮扶，在个人信贷或其他债务息费及教育的普及方面，都应该作为主角发挥应有的作用，在城乡和工农业差别消除过程中，政府要担负起相应的职责。

四、处理农民、农村和农业问题应遵循的基本原则

马克思主义经典作家认为，工人阶级及其政党或政府为了巩固工农联盟以确保社会主义革命和建设事业的成功，需要正确处理农民、农村和农业问题，并为此提出了一些基本原则。这些原则可概括为如下五条。

（一）充分了解农民要求

在以农业发展为主的国家，以工人阶级为主要阶级的政党必须通过实践去实地考察农村发展的实际情况，不仅要了解农村群众的居住情况，还要关注农村经济的发展情况，从而在实际基础上推出扶助农村发展的相关政策。政党在实现乡村发展制度体系进一步完善的同时，也为农民经济收益的增长提供强有力的保障，以此来提高乡村群众的生活水平和消费水平，拉动农村经济的增长。譬如，恩格斯在1892年马赛代表大会上，明确表示其对于土地纲领的赞同，究根结底是因为其在一定意义上满足了农村发展的需要。

（二）尽力维护农民利益

马克思曾经指出，无产阶级政府必须采取具体可行的有效举措，对农民生活环境及生活条件进行直接而合理的改善，从而保证农民生活境况的好转。马克思认为："无产阶级要想有任何胜利的可能性，就应当善于变通地直接为农民做很多事情，就像法国资产阶级在进行革命时为当时法国农民所做的那样。"其在对法国第一个无产阶级政权巴黎公社的评价中说："公社对农民

说，公社的胜利是他们的唯一希望，这是完全正确的。"从马克思的评论中不难看出，他认为只有对农村进行公平公正、科学合理的治理，才能够保证农民生活水平得到不断提高。对此，马克思也提出了一些具体可行的建议，譬如免除农民的税务、打造廉价政府等。政府既要保证农民自身利益不受侵犯，还要切实走访基层，解决民生实际问题。这在一定程度上表明了马克思对于巴黎公社的态度。

（三）根据不同历史时期实际情况，提出恰当的农民问题纲领

马克思与恩格斯关于农民民生状况改善的问题所提出的相关理论，一定程度上都是在1848年欧洲革命时期及19世纪后期农村社会发展实际情况的基础上而提出的。针对两个不同的时期，他们也提出不同的具体建议。他们所提出的农民纲领一定程度上可以分为最高纲领和最低纲领。前者主要是针对无产阶级真正掌握国家政权以后而提出；后者则是立足于当时代欧洲农村发展的实际情况，从小资产阶级发展的事例中寻找一定先进的经验，从而保证农村发展与国家发展保持一致。同时，他们认为，乡村经济的发展在一定程度上必须要与农村居民自身的认知水平保持一致，才能够保证农村经济持续健康的发展。

（四）农村生产关系变革应当遵循自愿和示范相结合的原则

恩格斯在其著作《法德农民问题》中提出，如果一个国家所发生的社会变革与农民的发展意志相违背，那么该变革不会长久，也不会获取最终的胜利。因此，恩格斯提出，"当我们掌握了国家权力的时候，我们绝不会考虑用暴力去剥夺小农（不论有无报偿，都是一样）……我们对于小农的任务，首先是把他们的私人生产和私人占有变为合作化的生产和占有，但不是采用暴力，而是通过示范和为此提供社会帮助"。这是指在农村传统的生产方式向农业合作社这一发展模式转变的过程中，如果农民并未对其表示支持，那么统治政党必须要强化相关理念的教育和传播，让农民认识到该模式的作用，而不是强制性的推行农业合作社。

（五）对农民的政策不能做出违背社会发展趋势和无产阶级革命最终目的无原则许诺

马克思与恩格斯始终强调工人阶级及其政党或政府应当采取各种措施改

善农民的生存状况。他们所提出的农民问题最高纲领和最低纲领也都是以农民的完全解放为目标的。但是他们坚决反对为了争取农民的支持而一味迁就农民的任何要求，做出既无法实现又违背社会发展趋势和无产阶级运动最终目的的无原则的许诺。工人阶级及其政党的力量就在于他们理解社会发展的经济动因和政治后果，并能据此采取行动，无原则的许诺恰恰削弱了工人阶级的力量。

五、对农民、农村和农业问题发展前景的科学预测

与马克思思想方向保持一致的作家，其运用马克思历史唯物主义等思想观念，对农村社会结构的革新及农业发展的前景进行预判，从而为后续农村发展提供有力的理论基础。

马克思与恩格斯在对英国、法国、德国农村发展实际情况的研究中得出，国家工业化、经济商品化的发展趋向会在一定程度上分化农民阶级，导致其社会结构发生一定的变化。同时，他们提出，农民阶级会逐渐朝着生产经营个体化的方向不断发展，在此过程中，农民阶级会逐渐摆脱工人阶级或者资产阶级的影响，从而成为自己土地上的主人，将土地掌握在自己的手里，从而实现农场的模式化发展。除此之外，农业人口也会逐渐向城市迁移，但是这在一定意义上也会导致农民阶级自身特征的消亡。

马克思和恩格斯在一定意义上还对未来无产阶级政党统治下农村发展的前景做出畅想，主要针对未来城乡一体化的推进及城乡差距的消灭等。马克思与恩格斯在这一方面思想统一。他们认为，工业与农业之间的发展关系需要经历以下三个阶段：结合—分离—结合。同时，他们还提出，城乡之间的发展关系也要经历以下三个阶段：结合—分离、对立—融合、一体化。当前，城乡发展已然处于第二个发展阶段，无论是工农业还是城乡发展，其终究会进入第三阶段，实现辩证的肯定。马克思在此发展现状的基础上指出，在未来共产主义社会，把农业同工业结合起来，促使城乡之间的差距逐步消灭。同时，恩格斯指出："乡村农业人口的分散和大城市工业人口的集中只是工农业发展水平还不够高的表现，它是进一步发展的阻碍。这种阻碍在目前已经深深地感到了。由社会全体成员组成的共同联合体有计划地尽量利用生产力，把生产发展到能

够满足全体成员需要的规模，消灭牺牲一些人的利益来满足另一些人的需要的情形，彻底消灭阶级和阶级对立，通过消除旧的分工，进行生产教育、变换工种、共同享受大家创造出来的福利，和城乡的融合，使社会全体成员的才能得到全面的发展——这一切将是废除私有制的最主要的结果。"他们的理论在一定程度上表明其二人对于打破城乡对立壁垒的态度和看法，并且将减少工农发展差距看作是当前社会发展的实际需要。

马克思与恩格斯一定程度上对西方农业发展的未来走向做了科学合理的预判。他们坚信工人阶级将会成为社会主要阶级，同时，在未来的社会结构体系中，雇主阶级将会被工人阶级取代，从而实现工农业的自发生产。这在一定程度上体现出他们对于雇佣阶级的批判，认为其是落后的、短暂的，且雇佣劳动终将会在社会不断进步的过程中被自发协作劳动所取代。除此之外，马克思和恩格斯就统治阶级也提出他们的看法，认为无产阶级应当争取国家统治权，推翻地主阶级及资本家的统治，以此来保证工人阶级直接掌握社会生产生活的相关资料，由工农阶级成为社会的主人，实现"以自由联合的劳动条件去代替劳动受奴役的经济条件"。这一点，恩格斯和马克思也达成了一致的看法，"这一点马克思和我从来没有怀疑过。但事情必须这样处理，使社会（即首先是国家）保持对生产资料的所有权，这样合作社的特殊利益就不可能压过全社会的整个利益。"土地所有制的变更在一定程度上会推动农业生产水平得到大幅度提升，从而实现农业的自由发展。综上可知，马克思和恩格斯对于工农业未来发展的预判，在一定程度上与当前工农业发展的实际情况保持着紧密联系。

第四节　中国历代领导人关于"三农"问题的主要思想

自中华人民共和国成立以来，我国的领导人们将马克思主义中的农业建设理论与建设想法结合我国具体国情，应用到我国的建设中，随着时代的前进，创造新的行动方向，不仅形成具有中国特色的社会主义"三农"思想理论，还完善马克思主义思想体系，以农民需求为主要趋向，并把社会主义形势下的市场经济作为指导方向，将乡村振兴发展作为长期连续不断的乡村建设。

一、毛泽东同志关于"三农"问题的主要思想

毛泽东同志在革命与社会主义的建设时期，特别注重农业、农民与农村的发展问题，并做了实地考察，在马克思主义的农业理论的基础上创造出我国的农业发展政策。理论总结起来有以下四个方面。

（一）毛泽东同志强调农民在中国革命与建设中的地位与作用

中国共产党领导人受到马克思主义经典作家有关农民理念的指导，客观认识到我国农民发展的阻碍。毛泽东同志也在我国农民当前所处的位置及我国发展中农民所起到的影响作用上，创新了马克思等人的相关研究。

1. 毛泽东同志提出了农民是中国革命的主力军

早在1926年，毛泽东同志就在《国民革命与农民运动》中指出："农民问题乃国民革命的中心问题。""所谓国民革命运动，其大部分即农民运动。"1927年他又在《湖南农民运动考察报告》一文中指出："农民是革命先锋，农民成就了多年未曾成就的革命事业，农民做了国民革命的重要工作。"不仅如此，他还进一步分析了中国农民阶级的特点，提出了农民中各阶层在革命中的积极性由于经济地位的不同而不同，经济地位越是低下，生活越贫困的农民，就越富有革命性。

《湖南农民运动考察报告》《中国社会各阶级的分析》是毛泽东同志深入实际调查农民问题的典型著作。在以上的著名论述中，毛泽东同志明确了农民在我国革命中的影响力，并结合我国当前农民的人口数量占我国总人口数量的八成以上的情况，提出农民将是我国革命运动中的最强队伍，是社会主义无产工作者们最亲近、最值得信任的好朋友。因此，农民问题成了我国改革中的最根本的问题。

2. 毛泽东同志主张走农村包围城市的革命道路

大革命时期，中国共产党由于对中国农村问题的错误判断，把革命工作的重心放在城市，走过了许多弯路。在大革命失败前后，毛泽东同志在考察半

殖民地半封建的中国社会过程中,形成对中国农村性质的正确认识:第一,辛亥革命并没有改变中国广大农村的现状,自给自足的封建经济仍占统治地位;第二,中国革命的主要依靠力量是农民,分布在广大农村;第三,在中国当时的农村,敌人统治力量最薄弱,革命的基础深厚,建立农村革命根据地,聚集力量,不仅是十分重要的,而且是可靠的;第四,由于中国革命是在半殖民地半封建社会里由共产党领导的资产阶级民主革命性质及革命具有长期性特点,党的工作重心应放在农村,党应以主要的力量去发动和组织农民;第五,提出在广大农村开展游击战争,建立工农民主政权,实行土地革命,形成"工农武装割据"的局面。因此,中国革命的道路,不是先取城市后取农村,而是走相反的道路,即走农村包围城市,最后夺取全国政权的道路。

3. 毛泽东同志强调农民对国家的极端重要性

基于对农民在中国革命的独特地位和作用的正确认识,毛泽东同志多次论述农民对国家的极端重要性。他在《论联合政府》中指出:"农民——这是工人的前身。将来还要有几千万农民进入城市,进入工厂……。农民——这是中国工业市场的主体。只有他们能够供给最丰富的粮食和原料,并吸收最大量的工业品。农民这是中国军队的来源。士兵就是穿起军服的农民……。农民——这是现阶段中国民主政治的主要力量……。农民——这是现阶段中国文化运动的主要对象……"在党的七大政治报告中,他又说:"忘记了农民,就没有中国的民主革命;没有中国的民主革命,就没有中国的社会主义革命,也就没有一切革命。我们马克思主义的书读得很多,但是要注意,不要把农民这两个字忘记了;这两个字忘记了,就是读一万册马克思主义的书也是没有用处的,因为你没有力量。"

毛泽东同志在农民问题的行动上,主要体现在让农民有自己的土地和减轻农民的主要负担两方面。在旧社会中,我国的农民问题主要是土地的问题,梳理好土地问题,就算是基本改善农民的艰难处境,也便赢得农民同志的信任。而以毛泽东同志为代表的党中央领导班子,真正地解决了土地问题,帮助农民实现有地种的急切需求,充分调动起农民对于我国改革的支持热度,用其自身的行动极大推动革命的最终胜利。

（二）毛泽东同志指出农业是国民经济的基础

毛泽东同志通过对农业发展的考察与探究中，清楚明白地提出我国人民的经济基础是农业发展，农业的振兴在我国发展中具有重要地位，是引导我国经济发展的主要方向与目标。他指出："全党一定要重视农业。农业关系国计民生极大。"他认为，农业生产是经济建设工作的第一位，"农业是轻工业原料主要来源、农村是轻工业的主要市场""农村是重工业的重要市场""农业是积累的重要来源""在一定意义上可以说，农业就是工业"。在农业生产与其他生产部门之间的关系方面，毛泽东同志于1956年发表的《论十大关系》中，阐述了农、轻、重协调发展的思路。

（三）毛泽东同志主张农业现代化，实现农业机械化

1. 农业的现代化主要是农业生产工具的现代化和生产技术的现代化

马克思主义认为，劳动的社会条件如机器的应用、生产方式的改进、科学的发展对提高农业现代化水平有着重要的影响，中国共产党人对此也有深刻的认识，并由此发展成为农业机械化思想。1955年，毛泽东同志在《关于农业合作化问题》中指出："'一五''二五'时期，以社会改革为主，技术改革为辅，'三五'时期，社会改革和技术改革同时并进。"1957年10月9日，他在中共中央八届三中全会上强调："搞农业不学技术不行。"与此同时，毛泽东同志还结合农业生产的实际，提出了农业耕种的"八字宪法"，即土、肥、水、种、密、保、管、工，这成为指导农业生产的重要方法。

2. 农业现代化的基本条件是科学技术

毛泽东同志对科学技术在农业现代化过程中的作用有着相当深刻的认识，把科技看作是农业现代化的基本条件。在《论十大关系》一文中，他提出了用现代科学技术武装工业、农业和整个国民经济的任务。1956年1月，毛泽东同志在《征询对农业十七条的意见》中指出要"在七年之内，基本扫除文盲"。

（四）毛泽东同志提出城乡兼顾、城乡互助

中华人民共和国成立以后，毛泽东同志十分重视城乡关系。他指出："城乡必须兼顾，必须使城市工作和乡村工作、使工人和农民、使工业和农

业，紧密地联系起来。决不可以丢掉乡村，仅顾城市，如果这样想，那是完全错误的。"毛泽东同志根据中华人民共和国成立前后，城市与农村发展现状，还特别强调"我们的经济政策就是处理好四面八方的关系，实行公私兼顾、劳资两利、城乡互助、内外交流的政策"。

二、邓小平同志关于"三农"问题的主要思想

我国共产党人在邓小平同志的带领下完成并更新了毛泽东同志在农业发展中的主要观念，在不断完善与改变中，发展为具有我国特殊国情和当前时代特点的指导方向和指导目标。其主要的意义是：如果农村得不到长久和全方位的进步，那么整个国家的进步和稳定便无从说起；如果农民的生活质量得不到提高，那么整个国家群众的生活水平无法得到提高；如果没有科学技术支持的农业发展，那么也没有我国科学现代的进步。

（一）农村稳定是社会稳定的基础

邓小平同志认为："从中国的实际出发，我们首先解决农村问题。中国有80%的人口住在农村，中国稳定不稳定首先看这80%的人稳定不稳定。城市搞得再漂亮，没有农村这一稳定的基础是不行的。""如果不解决这80%的人的生活问题，社会就不会是安定的。"邓小平在此基础上强调农村的发展是我国经济发展的前提条件，他指出："中国经济能不能发展，首先要看农村能不能发展，农民生活是不是好起来。翻两番，很重要的是这80%的人口能不能达到。"

（二）农业是根本，粮食问题是农业问题的关键和核心

邓小平同志多次强调"农业是根本，不能忘掉"。不仅如此，邓小平同志基于对中国国情的清醒认识和发展生产力的需要，提出了要"确立以农业为基础、为农业服务的思想"。邓小平同志认为粮食问题是农业问题的关键和核心，粮食生产是国民经济的基础。他提出："农业，主要是粮食问题。农业上如果有一个曲折，三五年转不过来""应该把农业放到一个恰当的位置""要避免过几年又出现大量进口粮食的局面，如果那样，将会影响我们经济发展速度"。为此，他指出农业要有全面规划，首先要增产粮食。

（三）发展农业一靠政策，二靠科学

在农业发展问题上，邓小平同志很重视政策的作用。他提倡放宽政策，发展农村经济，发展农业，并给我国改革开放以来的农业政策以高度评价："现在看，一系列新农村政策是成功的。过去农村很困难，现在可以说绝大多数人能够吃饱，能够穿得比较好，居住情况有了很大的改善。农村政策见效很快，增加了我们信心，对我们确定翻两番的目标是一个鼓励。"邓小平同志提出科学技术是第一生产力，"马克思讲过科学技术是生产力，这是非常正确的，现在看来这样说可能不够，恐怕是第一生产力。将来农业问题的出路，最终要由生物工程来解决，要靠尖端技术。"实现农业现代化的关键是提高农民的科技文化素质、提高农业的技术装备水平。

（四）发展农业要有"两个飞跃"

邓小平同志在设计我国农村改革和农业现代化道路时提出了两个飞跃的思想。邓小平同志认为，"中国社会主义农业的改革和发展，从长远的观点看，要有两个飞跃。第一个飞跃，是废除人民公社，实行家庭联产承包责任制……。第二个飞跃，是适应科学种田和生产社会化的需要，发展适度规模经营，发展集体经济。"邓小平同志指出的"两个飞跃"是有内在联系的统一整体。前者是后者的必要基础，后者是前者的必然发展。我国农村改革是从实现家庭联产承包责任制突破的，这项突破使亿万农民成为农村市场经济的主体，焕发出巨大的生机活力。如何使千家万户的生产与千变万化的市场联系起来，如何既长期适应家庭承包经营又适度扩大经营规模。几年来在这方面已经取得重大的突破和进展，推进农业产业化经营，发展专业合作经济，都是有效的途径。

（五）工业应该支援农业，工业越发展，越要重视农业

邓小平同志在工农关系上，强调农业是基础，工业应该支援农业。邓小平同志在1962年7月7日《怎样恢复农业生产》中指出："农业搞不好，工业就没有希望，吃、穿、用的问题也解决不了。农业要恢复，要有一系列的政策，主要是两个方面的政策。一方面是把农民的积极性调动起来，使农民能够积极发展农业生产，多搞点粮食，把经济作物恢复起来。另一方面是农业支援

农业。"十一届三中全会以后,邓小平同志在总结经验教训的基础上提出:"中国经济能不能发展,要看农村能不能发展""农业搞不好就要拖工业的后腿""工业的发展、商业和其他经济活动,不能建立在80%的人口贫困的基础上"。表述了工业越发展,越要重视农业的思想。

(六)邓小平同志强调增加农民收入,调动农民积极性

邓小平同志强调发展农业,同时强调必须增加农民收入、调动农民积极性。围绕着如何提高农民收入,邓小平同志认为要通过发展多种经营和乡镇企业的途径增加农民收入。邓小平同志认为,通过加大力度的改变和完善农业发展形式,逐渐形成各个农业形式的融合,可有效提高农村的经济发展,并帮助农民鼓起腰包,进而实现多产业全面和谐进步的新形势,全方位实现乡村振兴。邓小平同志将乡镇企业的更新建设当作是农民增加收入的主要来源。他说:"乡镇企业的发展,……解决了占农村剩余50%劳动力的出路问题。"邓小平同志认为:"农业本身的问题,现在看来,主要还得从生产关系上解决。这就是要调动农民的积极性""在生产关系上不能完全采取一种固定不变的形式,看用哪种形式能够调动群众的积极性就采用哪种形式。"邓小平同志十分重视农民在农村改革与农业发展中的主体地位,重视农民的集体力量。他认为,农民组织起来的乡镇企业是农村改革中的重大收获,发展乡镇企业,是改革农村落后面貌的必由之路。

三、江泽民同志关于"三农"问题的主要思想

在江泽民同志的带领下,我国共产党人在社会主义的建设中,接受了毛泽东和邓小平同志的农村振兴观念,并应用"三个代表"思想,对我国所面临的新的"三农"问题,提出相应的解决措施,对于我国的乡村建设、持续稳定的发展及农民的经济增长做出伟大的贡献。

(一)江泽民同志指出"三农"问题是关系全局的根本性问题

江泽民同志十分重视"三农"问题。江泽民同志认为:"农业、农村和农民问题,始终是一个关系我们党和全国全局的根本性问题。新民主主义革命时期是这样,社会主义现代化建设时期也是这样。""'三农'关系着改革开

放和社会主义现代化事业的大局，关系着党的执政地位的巩固，关系着国家的长治久安。这不但是重大的经济问题，同时是个重大的政治问题。"江泽民同志指出："农业是国民经济的基础，农村稳定是整个社会稳定的基础，农民问题始终是我国革命、建设、改革的根本问题。这是我们党从长期实践中确立的处理农业问题、农村问题和农民问题的重要指导思想。"我们要牢记和坚持这些思想，在任何情况下都不能有丝毫的动摇。

（二）江泽民同志强调保护农民利益、调动农民的积极性

"三农"问题的主体是农民，解决"三农"问题就必须最大限度地把农民的积极性调动起来。江泽民同志认为，农民对于农业及农村建设有积极性，是农村振兴的基本。在中华人民共和国成立以来的发展史中，如果农民主动参与，农业的建设则会更加迅速，相反，一旦农民的踊跃性受到阻碍，那么农业的建设就会中断。因此，一定要在物质上满足农民的生活，在政策上完善其自由的权利。江泽民同志还提出，激励农民的主动性是农业建设政治策略和理性的标准。实现这个目标，我国的农村改革政策便会取得伟大的成果。给到农民实打实的优惠，这样会让农民有踊跃参与感，这也是家庭承包政策的成功原因之一。因此，在我国农业发展中，无论想要实现怎样的目标，首先要想到这个工作能否会使农民踊跃参与进来、是否让农民拥有自主权、是否改善农民的经济收入、是否让我国的农业建设得到进步。基于这样的政策标准，才能了解到政策是否正确。

（三）江泽民同志主张依靠科技进步振兴农业

江泽民同志继承了邓小平同志"科学技术是第一生产力"的观点，认为我国农业发展中科技水平在不断提高，已经取得了很大进步，但同国际先进水平相比，仍处于较低水平。农业现代化的实现和大农业经济的发展，最终取决于科学技术的进步和适用技术的广泛应用。先进的农业科学技术的运用，不仅可以有效地弥补农业资源的短缺，而且可以提高物质投入的有效性。因此，必须依附科学技术的发展来实现农业的兴起。例如，全面发展前端科技产品，并尽可能地进行宣传与使用，实现一定的收益；同时加大重大新科技项目的研发工作，为农业发展提供技术保障。

（四）江泽民同志主张以市场为导向，发展农业和农村经济

十四大确定了建立中国特色社会主义市场经济体制的目标。在这种大背景下，江泽民同志指出："坚持以市场为导向，调整农村产业结构，优化资源配置，走高产、优质、高效的道路。这是我国农业发展势在必行的深刻变革，也是农村经济工作指导方针的一个战略性转变。""深化农村经济体制改革，总的目标是建立以家庭承包经营为基础，以农业社会化服务体系、农产品市场体系和国家对农业的支持保护体系为支撑，适应发展社会主义市场经济要求的农村经济体制。"如何发展乡村社会主义市场经济呢？江泽民同志说："必须坚持以市场为导向，充分利用农村人力、土地和各种资源，农林牧渔全面发展，第一、二、三产业综合经营，科、贸、工、农相结合，以星罗棋布的乡镇企业为依托，形成一个大农业、大流通、大市场的新格局，从而提高农业的整体经济效益和综合生产能力，走出一条建设有中国特色社会主义新农村的路子，这也是我国农村改革走向新阶段的标志。"在具体措施上，他进一步分析指出："市场经济越发展，工业化程度越高，越需要加强对农业的保护和扶持。""农业是社会效益大而效益比较低的产业，光靠市场调节不行，必须通过国家宏观调控加以扶持和保护……，引导二、三产业加强对农业的支持，逐步形成以工补农、以工建农、以工带农的机制。"与此同时，他还指出："目前农村市场体系还很不健全……，必须大力发展农业的社会化服务体系，发展贸工农一体化的产业经营方式，引导农民发展各种新的联合与合作，逐步建立和发展连接农户与市场的各种必要的中介组织。"

（五）江泽民同志重视解决农村贫困问题

江泽民同志提到我国的主要人口扎根于农村，相对较多的群众是农民。因此，想要实现全民小康生活，需要先实现农民丰衣足食的生活，农民的丰富充足的生活是全民的幸福生活的根本。解决农村贫困问题关系重大，不仅是经济问题，也是政治问题，江泽民同志提倡转变扶贫思路，解决农村发展问题。在扶贫方法上，江泽民同志强调要有一个重大改变，将以前的扶助贫困方式转变为开发性的形式，将全社会的力量与政府的号召相互联系起来。在2001年中央扶贫开发工作会议上，江泽民同志讲道："坚持开发式扶贫的方针，就是贯

彻邓小平同志关于发展是硬道理的重要思想，目的是解放和发展生产力……最重要的就是要不断增强贫困地区自我发展的能力。"

（六）江泽民同志提出要建设富裕民主文明的社会主义新农村

江泽民同志强调，只有物质文明与精神文明都搞好，经济社会协调发展，才会有中国特色社会主义新农村。党的十五届三中全会明确提出了建设"富裕民主文明的社会主义新农村"的宏伟目标。在社会主义新农村建设过程中，江泽民同志强调要加强农村基层民主政治建设。他指出："扩大农村基层民主，保证农民直接行驶民主权利，是社会主义民主在农村最广泛的实践，也是充分发挥农民积极性、促进农村两个文明建设、确保农村长治久安的一件根本性的大事。要在农村基层实行民主选举、民主决策、民主管理和民主监督……扩大农村基层民主，必须坚持党的领导，必须坚持依法办事，把握住了这两条就能够有领导、有秩序、有步骤地进行。"

四、胡锦涛同志关于"三农"问题的主要思想

以胡锦涛同志为代表的党中央在马克思列宁主义、毛泽东思想、邓小平理论和"三个代表"重要思想指导下，全面实现科学发展观理论，根据中国现代社会经济发展的新时期的基本情况，全面统筹社会主义发展，跟随先人脚步与经济趋势，制定方法与理论政策用来解决我国现阶段出现的农业发展问题，在现有的理论观念中不断进行深度探索及提高，在"三农"问题上突破难关，创造新的解决方法。

（一）胡锦涛同志完整、系统地提出了科学发展观

胡锦涛同志在十六届三中全会上指出："坚持以人为本，树立全面、协调、可持续发展的发展观，促进经济社会和人的全面发展"，明确提出了科学发展观的战略思想。他强调要"按照统筹城乡发展、统筹区域发展、统筹经济社会发展、统筹人与自然和谐发展、统筹国内发展和对外开放的要求"，推进改革和发展，又进一步提出了"五个统筹"的任务和要求，从而完整、系统地提出了我们党的科学发展观。科学发展观是指导发展的世界观和方法论的集中体现，揭示了我国经济社会发展的客观规律，是马克思主义发展理论的重大创

新。在新的中国建设时期及新的目标要求下，在胡锦涛同志的带领下，共产党人应用科学发展观的思想，制订出不胜枚举的"三农"问题解决方法。

（二）胡锦涛同志提出了"三农"问题是全党工作重中之重的战略思想

胡锦涛同志对于我国以往各届领导人提出的"三农"问题进行了进一步的总结与创新。在2003年的中央的农村会议上，胡锦涛同志提出我国共产党领导班子的主要任务是要处理好农业、农村与农民问题。2004年，温家宝同志在《政府工作报告》中又提出："把解决'三农'问题作为事关全局的战略性问题，作为全党工作的首要任务，是党中央对农业基础地位理论的重大发展。"所以，中央政治局专门组织安排"三农"问题的理论学习。在2004年间，胡锦涛同志强调科学发展观的完善及实现工作，提出农业建设的关键性及提高农民在发展中的踊跃参的紧要，要时刻保持农业的发展位置，一如既往地保证对于农业建设的增进、鼓励及拥护，全力建设现代化农业。在联合国粮农组织亚太区域大会上的致词中，胡锦涛同志指出："农业是安天下的战略产业，对保证经济社会发展、改善人民生活、保持社会稳定，具有十分重要的基础性作用。"

（三）胡锦涛同志提出了工农、城乡关系发展存在"两个趋向"的重要论断

胡锦涛同志深入考察工农、城乡之间关系的发展史，在中央召开的十六届四中全会上指出工农、城乡之间关系发展存在"两个倾向"。胡锦涛同志提出："纵观一些工业化国家发展的历程，在工业化初始阶段，农业支持工业、为工业提供积累是带有普遍性的趋向；但在工业化达到相当程度以后，工业反哺农业、城市支持农村，实现工业与农业、城市与农村协调发展，也是带有普遍性的趋向"。在2004年12月召开的中央经济工作会议上，胡锦涛同志再次强调："我国现在总体上已达到了以工促农、以城带乡的发展阶段。我们应当顺应这一趋势，更加自觉地调整国民收入分配格局，更加积极地支持三农发展。"对于"两个趋向"的重要论述是胡锦涛同志对于马克思主义经典作家及往届领导人有关农业、乡村建设的主要突破，是我国实现新的阶段的工业支持农业、城市引导农村及形成新的农村振兴工作方式和问题解决方法的新的思路，是我国农业发展的关键理论。

（四）胡锦涛同志提出了推进社会主义新农村建设重大历史任务

胡锦涛同志在我国国情下的新型农村的建设中，拓展了江泽民同志的建设思路，并提出要实现乡村建设，在人民生活富足、绿色环保的同时要保持干净规整的环境，并管理好村民的生活农作，一步一个脚印地实现乡村经济振兴。与此同时，还强调共产党人要始终如一地将农村经济的提升作为工作的重中之重，并在工作中要与农村的政治、文化及社会建设全面发展，重点要梳理并决断出农业发展中的紧急事情，让农民的利益得到实实在在的保障；要始终跟随农村的基础建设规定，在不断学习与应用中改善农村的发展形势；要根据实际农村情况，征询农民的想法，不强制下达命令，应用科学技术，对于不同地区进行不同的方法建设，不应所有地区一把抓，也不要不顾及自身的情况胡乱比较，杜绝搞表面功夫；要利用现有的条件，鼓励农民与我国新农村建设者们一起行动起来；要将科学发展观与社会要求相结合并发挥到社会主义建设中，实现广大农民朋友的利益与愿望。这是我国共产党领导人在我国发展中与现阶段任务中的合理掌握，也是我国共产党人全面掌控且在未来长时间具有指导意义的工作。同时代一起发展，是目前我国农业、农村及农民工作的重要指导政策。

（五）胡锦涛同志强调城乡共同繁荣，促进城镇化健康发展

胡锦涛同志指出想要发展乡村文化，需要大中小城镇的大力配合与共同进步。胡锦涛同志还提出，我国发展中的社会问题是人口多但经济基础差，造成非常不合理的发展趋势，因此在发展中一定要全面落实科学发展观，始终以我国特色为主要发展路线。在发展中还要统一部署城镇建设，全面展现城市带动乡村的作用。实现工业对于农业的补充与辅助，构建出完整、固定和不断增强的农业的政治决策。改变城乡分离的情况，加快"三农"建设，实现农村经济收入增长，促进城乡的交流与协同进步。在现代发展中不断加强乡村城镇化的发展，始终如一地推动城乡的进步。这样既强化城乡的沟通，又完善农业发展中的基础设备的配备，要有准备地、有计划地利用农村中的剩余劳动者。这样可实现工业带动乡村、城市引导农村的全面发展进步。

（六）胡锦涛同志强调靠改革、靠科技提高粮食综合生产能力，增加农民收入

胡锦涛同志全面继承三代领导集体的思想，认为只有全面考虑政策制度、改变方法、挖掘农民的自主性及增强应用科技，才能实现由以往农业转向现代化农业的目标。如果想要更加稳定持久地发展我国的农业，最主要的还是科学技术的创新与改进。在这样的思想下，要全力开拓农业技术的水平，提高农民农业方面的知识与方法，对农民进行教育训练，并让科学走进农耕，保证农民经济的增收，推动社会经济的进步。胡锦涛同志还提出，一定要全力支持对于耕地的环保，要绿色化处理，也要对农产品的产量加大政府的支持，始终如一地把农民的经济收成放在"三农"工作的重心，要坚持多给福利、少量索取、放开政策范围的原则，构建完整的持久增加收入的体系。胡锦涛同志还指出，要全面推进具有高回报的农业附属项目，应用国际交流趋势，实现全球推广，使农民的收入得到快速增长。例如，增加对于农村建设中完善设备的支持，增加乡村剩余劳动力的工作路线，加快发展农业与农村的经济形势的调节整治，努力做好乡村振兴工作。

五、习近平同志关于"三农"问题的主要思想

俗话说："民以食为天"。粮食是人类生活的基本物质基础，农业的发展自始至终都是生存之本。农业能够为国家各类产业的发展提供原材料，它是大部分产业进行生产活动的重要基础。自改革开放以来，我国的农业发展迅速，农业生产力也在不断提高，现代化农业的发展也为农业持续性发展提供了不竭的动力。国家对农业的发展高度重视，习近平同志就"三农"问题进行了多次强调，阐述了"三农"工作的重要性。

（一）准确把握"三农"问题的科学内涵

习近平同志"三农"思想十分丰富，内容涵盖"三农"各个方面，科学回答了新时期"三农"发展的许多重大理论与现实问题，体现了习近平同志对"三农"问题的深入研究、深谋远虑和深厚感情，形成了新时期解决我国"三农"问题的理论探索与顶层设计。在习近平同志"三农"重要论述中，"三个

必须""三个不能""三个坚定不移"最为系统和鲜明,居总括性总要求的地位。在2013年中央农村工作会议上,习近平同志提出:"中国要强,农业必须强;中国要美,农村必须美;中国要富,农民必须富。""三个必须"通过论述"三农"强、美、富与国家强、美、富之间的关系,指出"三农"问题是关系中国特色社会主义事业发展的根本性问题,是关系我们党巩固执政基础的全局性问题,这是对"三农"工作基础性地位的总把握。2015年7月,习近平同志在吉林调研时指出:"任何时候都不能忽视农业、不能忘记农民、不能淡漠农村。""三个不能"从历史维度审视"三农"发展规律,表明了在任何时期、任何情况下都始终坚持强农惠农富农政策不减弱、推进农村全面建成小康社会不松劲的决心和态度,明确了我们党在经济上保障农民物质利益、在政治上尊重农民民主权利的宗旨使命。2016年4月,习近平同志在安徽凤阳县小岗村召开的农村改革座谈会上强调:"要坚定不移深化农村改革,坚定不移加快农村发展,坚定不移维护农村和谐稳定。""三个坚定不移"从全局角度明确了"三农"工作重点,在关键时期释放了党中央高度重视"三农"工作的强烈信号,表明了我们党坚定深化农村改革、加快农村发展、维护农村和谐稳定的政策目标,既是加快农村改革的响鼓重槌,也是推进"三农"发展的必由路径。这三个方面的论述,虽各有侧重,但主题一致、相辅相成,既有着眼长远的战略判断又有立足当前的政策部署;既有理论的继承和创新又有实践的总结和发展;既有历史经验又有现实思考。这些思想进一步丰富和发展了我们党的"三农"思想,集中体现了我们党对农业农村改革发展稳定的坚定信心和对亿万农民群众的责任担当,是指导新时期"三农"工作的强大思想武器。

农业、农村、农民问题一直以来都受到党中央的高度关注,在多次会议和报告中都强调"三农"问题,习近平同志更是就"三农"问题进行了重要论述。习近平同志对农村工作及"三农"问题都有着独到的见解,能够直击要害,这都是以丰富的基层农村工作经验为基础的。比如,"中国人的饭碗任何时候都要牢牢端在自己手上""小康不小康,关键看老乡""望得见山,看得见水,记得住乡愁""绿水青山就是金山银山"……这些生动语言,无不体现了习近平同志系列重要讲话高瞻远瞩与深接地气的完美结合。

（二）习近平同志明确了解决"三农"问题的重大意义

"三农"工作关乎国家经济的整体发展，为了提高农业生产力、改善农村生态环境及提高农民生活水平，必须以习近平同志"三农"思想作为开展一切"三农"工作的指导思想。

1. 是正确把握我国基本国情的必然选择

我国是一个农业大国，也是一个人口大国，粮食是满足人们生存需求的基本保障，也是国家生存和发展的基础。因此，基本国情要求国家和社会必须高度重视农业的发展，这也是确定"三农"战略地位的原因。近年来，我国农业一直在稳定发展，农村的环境也在发生改变，农民的生活水平也得到一定的提高。然而，值得注意的是，目前农业发展还面临一系列问题。随着时代的发展，各行各业时刻都在发生日新月异的变化，而农业相较于其他产业而言发展比较滞后，无法跟上时代发展的步伐，发展速度缓慢，农业基础依然比较薄弱。除此之外，农村的生态环境还有待改善，农村仍然是全面建成小康社会的短板。农民的收入虽然在增加，但是还处于低收入水平。

2. 是实现中华民族伟大复兴中国梦的客观要求

随着时代的不断发展，我国的经济、政治、文化等各方面都取得较为优异的成绩，也确定了实现中华民族伟大复兴中国梦的民族目标，国家、社会、企业等都在为实现中国梦而努力奋斗。而实现中国梦的基础在于解决"三农"问题，这也是实现中华民族伟大复兴的客观要求。"三农"工作的重点在于促进农业现代化、发展农村经济、增加农民收入。在当今互联网时代，社会在发展过程中会产生各种各样、错综复杂的矛盾。而"三农"工作的开展要在这样的发展环境中牢牢把握发展的主动权，巩固农业基础，改善农村环境，实现农村繁荣富强、农民安居乐业的美好目标，缩小城乡居民收入差距，促进城乡发展平衡，在稳定中谋发展，为实现中国梦不断前进。

3. 是落实党的宗旨、巩固党的执政基础的重大任务

中国共产党成立90多年以来一直都以为人民服务为宗旨，党和国家在通过各种政策惠及民生。而这些政策实施结果的效果是由人民所决定的，人民认为好的政策才是真正对的政策。因此，党和国家始终以人民为中心，从人民的

根本利益出发，在惠民利民的基础上进一步发展。在"三农"工作中，党和国家也必须坚持全心全意为人民服务的宗旨，在处理"三农"问题的过程中要以维护好和发展好广大人民群众的利益为出发点，正确处理不同类型的问题，在不同的时期要采取与实际情况相适应的措施，针对不同的人群要具体问题具体分析，积极贯彻党为人民服务的中心思想，积极响应党的号召，在深化改革的同时做好"三农"工作，让农民群众紧随党的步伐，不断巩固党的执政基础。

4.是做好新时期"三农"工作的基本思想

农业从古至今都是我国经济发展的关键部分，不同时期农业的发展都面临不同的挑战。在新时代背景下，农业需要紧跟时代的发展步伐，适应时代的发展。目前，我国的农业处于转型升级的关键阶段，在这一阶段农业的许多问题需要予以解决，具体包括：农业发展方式粗放、农村生态环境落后、农村整体素质有待提高、农业产业结构需要调整等。为了解决这些问题，必须坚持以重农强农战略思想为指导，奠定"三农"工作的总体基调，为新时期"三农"工作提供思想保障，进而促进政策有效地贯彻落实。

（三）习近平同志提出了要扎实推进农业农村改革发展

"三农"问题是我国任何时期都必须重点关注的发展问题。在当代经济发展条件下，"三农"工作需要积极贯彻落实习近平同志"三农"思想，以新的发展理念为指导，激发农村发展活力，解决农业发展过程中的一系列复杂问题，在稳定农业发展的同时培育农业农村发展新动能。

在"三农"问题中，首先需要解决的是农业问题。在新时期经济发展背景下，农业的发展必须开创新的发展局面，要加快推进农业供给侧结构性改革。这一改革决策是党中央在充分调查研究的基础上，根据国内农业发展的实际情况做出的重大战略决策。农业供给侧结构性改革主要是通过改革农业发展方式，调整农业生产中要素、产品、技术等方面的结构，同时不断健全和完善现代农业发展机制和体制，以优化农业发展结构，促进农业转型升级。除此之外，农业改革要严格按照党中央对农村工作的战略部署进行贯彻落实，提高农业创新技术，提高农产品生产率；大力发展绿色农业，增加绿色优质的农产品，解决农业供需结构失衡的问题。

新时期农业的可持续性发展需要不断加快现代化农业的建设。在促进农业现代化的过程中，首先要加快构建现代农业生产体系、现代农业产业体系和现代农业经营体系等三大体系，现代农业的各类产业要尽快进行转型升级，产业经营要符合现代经济发展趋势，各类产业融合发展，优化农业产业发展结构，提高农产品生产效率，努力向现代农业发展。除此之外，要提高农业创新能力，提高农业科学技术水平，创新农产品，在提高农产品生产效率的同时保证其质量更优、更安全。现代化农业的发展需要有一定的制度体系支撑，要健全农业社会化服务体系，加强制度和管理创新，提高农业机械化、科技化、标准化水平；同时也要加强对经营主体的专业化培训，实现农业科学适度的规模化经营。

在"三农"工作中，除了农业问题之外，农村的建设问题也是重中之重，新时期必须推进新农村建设。农村是发展农业的重要载体，也是农民生存发展的美好家园。而目前农村的生态环境遭到破坏，各类基础设施不够完善，与城镇相比较，农村建设任重而道远。为了加快推进城乡发展一体化，必须加大对农村发展的支持力度，加快农村生态环境治理，整治农村人居环境，打造优美的乡村风貌。相关部门要促进城镇公共服务向农村延伸，改善农村公共服务，同时加快农村基础设施建设，建设美丽宜居的乡村。此外，要加强对农业优秀文化的保护，继承和发扬乡村优秀文明，不断完善乡村治理机制，促进农村规范化发展；还要促进城镇化和新农村建设协调发展，以城镇发展带动农村发展，逐步缩小城乡之间的差距。

农民是"三农"工作的主体，解决"三农"问题的重点之一是提高农民的收入水平。近年来，城乡居民的收入差距依然比较大，农民的收入水平仍然比较低。因此，"三农"工作要大力发展农业产业，在乡村地区发展具有竞争力且效益高的特色产业，以农业特色产业带领农民脱贫致富；要充分有效地利用农村土地资源，推进农村集体产权制度改革，让广大农民能够从改革中受益；同时要加大对农村贫困家庭的保障力度，保证困难家庭的基本生活需求；还要坚持和完善农村基本经营制度，采取更精准有效的措施加快农业的转型升级。

第三章　乡村振兴制度与战略规划

第一节　乡村振兴制度基础

一、乡村产业振兴发展潜力与重点

（一）乡村产业振兴发展的潜力

国内乡村产业发展经历了三个重要时期：先是以计划经济为主的时期，进而发展到社队企业时期，然后再到20世纪80年代的乡镇企业发展为主要潮流的时期，最后是20世纪90年代的农业产业化经营模式时期。这几个乡村产业发展阶段的重要作用都是不可取代的，它们是国民经济发展和社会进步的里程碑。

乡村产业振兴虽然取得了较大的成就，但是问题和挑战也是如影随形、无时不在的，尽管各种问题在表现上有所不同，但是究其本质来看都是体制机制矛盾所造成的。而体制机制矛盾又可以分为两种：一种是外部矛盾，主要由不平等的资源要素交换因素、农业农村发展机会的平等性难以保障因素和工农城乡发展具有不平衡性因素等组成；另一种是内部矛盾，包括农村产权制度不够完善、资源优势得不到充分体现、形成集聚效应、经营机制不够灵活等。

现在，城乡一体化进入新时期，在各种强农惠农政策的大力扶持下，农村的各种公共服务和基础设施得到极大完善，很大程度上促进了大众消费需求的提高，为乡村产业发展带来了新的机遇。充足的农产品供应不但有利于巩固农业基础性地位，使得农业劳动生产率以年均10%的速度增长，更有助于农业生产性服务业产值不同程度的增长，促进传统农业的转型和新产业的产生和发展，有利于激发农业农村经济发展活力，完善乡村产业的内外部环境，实现农业农村现代化发展趋势。

乡村产业的发展空间非常巨大，它可以促进农村经济社会发展和深刻变革，为振兴和发展我国独特的农村产业做出贡献。乡村产业发展符合实现小康社会的发展目标，充分反映国家的基本国情和基本农情，保障重要农产品的供给，实现乡村振兴发展，有利于农村经济优势的发挥，在提高农民生活水平和保障农产品供给上做出了重要贡献，形成了现代农业产业发展体系。与城市产业互补、结构优化、合作发展的优势，有利于我国农村产业新发展模式的形成和快速发展。

（二）乡村产业振兴的重点

乡村产业振兴任重而道远，受各种产业功能影响，其定位有所不同，这就需要准确掌握发展的方向和目标，重点完成以下4项重要任务。

1. 保障农产品有效供给

农村产业发展的首要任务是保障国家粮食安全和基本农产品供应。保障国家粮食安全就先要巩固和提升大宗农产品的生产能力，调整和优化农业结构，实现提质导向的重要目标，发挥农村资源的优势；对农产品加工业、休闲农业、劳动密集型加工制造业、生产性和生活性服务业、乡村旅游等项目进行大力开发，从质量和效率上完善农业供应体系，满足居民的生态文化需求和绿色优质物质产品需求。

2. 保持生态涵养

始终贯彻绿色发展观念，倡导绿色生产生活方式养成，对山水田林进行统筹治理。在生态环境保护中突出政府和市场的主体作用，对重点产业和重点领域进行监管和控制，对产业内部可能出现的重点环节的环境风险进行强化管理，采用现代化的环保技术设备，加强环境治理效果。将乡村生态的优势予以充分的体现，加强乡村绿色生态环保产业的发展和扩大，将乡村资源回收利用和污染治理落到实处，让乡村资源发挥出最大价值。

3. 带动农民就业增收

立足于以人民为中心的基础，产业发展的最终目的是提升农民收入，从而缩小乡镇贫富差距，促进乡村的全面富裕和发展。

4.促进城乡融合发展

从城乡资源禀赋优势的不同点出发,对城乡各种生产要素实现高度的整合,注意协调配合和错位布局各种产业,加速城乡的融合发展。首先,整合调整城乡产业的优势和不足,在农村产业里完成原材料生产和初加工等程序,而有关产品设计、终端销售和配送环节可以在城市产业中完成,这样有利于激发城乡资源的优势和价值,促进城乡产业的共同发展和共同赢利;其次,可以将有关的资金、技术、管理、信息和人才等城市先机生产要素引流到乡村企业,这对农村产业发展能力的提升有着非常重要的意义,有利于农村产业的深度和广度发展,进一步缩小城乡差距。[①]

二、乡村产业振兴发展的政策支持与举措

在乡村产业振兴过程中,对政府和市场两个主体的作用予以最大化是非常有必要的。从政府作用来看,先要规划乡村产业振兴计划,编制重点发展的基础产业目标,予以政策上的扶持,加强产业效率评估体系的健全和改进。市场的主要作用是改进甚至消除影响资源要素自由流动、平等交换的机制,从而充分发挥市场活力、主体活力和要素活力。

(一)乡村产业振兴发展的政策支持

1.公共服务供给一体化

一方面,要全面落实城乡一体化政策,保障农村的基础设施建设,完善农村供水、天然气等基础设施。另一方面,优先保障农业农村的财政支出,确保农业农村的中央预算充足,优化乡村产业的投入结构,提高产业产出效能。将提高主要粮食作物保险保费补贴力度作为各级财政的主要任务,确保地区特色农产品保险补贴政策的落实和优化。增加农村产业的融资能力,从政策上保障农村金融机构对农业农村发展的考核制度更加合理化和科学化,将农业信贷担保体系覆盖到农村的各个产业,对涉农贷款给予重点关注,对抵押物处置机制和抵押物担保机制进行改革和完善,扩大涉农贷款规模,尽最大可能满足农

---

① 罗文斌,孟贝,唐沛,等.土地整理、旅游发展与农户生计的影响机理研究:一个乡村旅游发展的实证检验[J].旅游学刊,2019,34(11):96-106.

村农业发展的资金需求。在农业产业中吸收城市的人才、技术、资金，加大农村吸引外部优秀要素的魅力。

2. 对农村重点领域改革的深化

改革和创新农村产业振兴的政策制度，加强农村资源要素的配置，具体可以从以下三个方面入手。

第一，要将农村的土地改革制度落到实处，不能局限于土地承包的基本完成，更要将成果应用提上日程，对农村有关的土地制度进行完善和健全，为经营主体的不同发展需求打好基础。农村"三块地"改革也要加快速度，为建设用地提供保障，将农村新产业新业态发展纳入到年度新增建设用地计划规划中，完善和落实农民闲置宅基地和闲置农房政策，实现三权（宅基地的所有权、使用权和资格权）分置。还可以将入股、联营等方法作为村庄整治、宅基地整理的手段，大力促进农村休闲旅游产业的发展。

第二，进一步深化农村集体产权制度改革，在集体经济组织中进行资产清算核算工作和股权量化工作，将农村集体经济的发展和壮大作为工作重点，实现农民向股东转变、资金向股金转变、自然人农业向法人农业转变等，促进农村集体经济组织的发展和壮大。对农村管理体制实现深入的改革，将农村基层党建工作责任制度进行层次落实，充分体现出县级党委一线指挥的积极意义，从而推动农村生活、生产水平的整体提高。

第三，深化和落实农村社区建设试点工作，建立多元的农村社区治理结构，加强农村精神文明建设，提高农民和乡村社会的整体文明程度，促进农村工业综合治理和农村农业投入的全面发展，形成国内外资源开发市场两种开发格局模式。

3. 打造特色乡村产业融合发展的格局

特色乡村产业融合发展过程需要特别注意以下四个方面。

第一，加强特色乡村产业的壮大和发展，充分利用区域特色和优势，将主导产品的特色和高附加值优势充分体现出来，形成地方特色的区域公用品牌；在现代农业产业园的建设过程中，突出潜力大、有良好前景和有特色的基础产业优势和价值，促进农村产业的现代化建设程度，不断完善二三产业增值收益机制。

第二，加大力度发展新产业和新业态，重点开发和利用农村有关产业如乡村旅游、森林康养、乡村休闲等项目，为农业、林业、旅游业、文化业和康养业等深入融合创造条件。

第三，可以在农村产业中引入现代化的电商行业，借助互联网技术的优势推广农产品，寻求更为广阔的销售渠道。重点支持农业产业平台建设和农村电力服务中心建设，加快电力企业产业园区建设，加快食品加工业集群建设，增加农村电力供应，推动传统食品加工的规模化和产业化。

第四，完善和改进小农户发展政策和机制，加强农业保险力度，将"保险加期货"的方式在农业产业中推广开来。还可以采用股份合作和订单农业等方式，加强农户和新型经营主体之间的联合度，从而确保小农户可以享受到政策的扶持，在产业链和价值链中获得一定的利益保障。①

（二）乡村产业振兴发展的策略

1.进一步优化涉农企业家成长环境

为涉农企业家的发展创造良好的外部条件和环境，使其在农业农村延伸的产业链、供应链和价值链中发挥重要作用。乡村产业振兴发展的加强离不开涉农企业家的贡献和价值体现。在农村产业中，加快现代化水平发展，使其形成更加高效的产业体系、生产体系和经营体系，为农村一二三产业的融合发展创造条件，让农业创新力、竞争力和全要素生产率的优势和价值得以充分发挥。在绿色兴农、品牌兴农、服务兴农和质量兴农的发展中，涉农企业家起着非常关键的作用，涉农企业家能够更好地延伸农业产业链，为农业价值链和供应链的完善提供便利条件。此外，新型农业经营主体、新型农业服务主体在多种形式的农业适度规模经营发展中有着非常重要的作用。

在农业农村产业多元化、综合化发展和现代农业发展过程中，涉农企业家的作用不可忽视。涉农企业家的出现为农业农村产业的发展理念、组织方式和业态模式带来新的发展机遇，拓展农业农村产业的市场空间和发展空间，加大对人才资源的合理利用。

---

① 黄快林.乡村振兴与旅游文化［M］.长春：东北师范大学出版社，2018.

在乡村产业振兴中，充分发挥涉农企业家的带头作用和引导作用，为其成长创造必要的条件和环境，降低产业准入门槛和风险。促进农业支持政策转向的发展，推动实施农业转向发展政策，加强对新型农业经营者和新型农业服务提供者的政策支持和帮助，使新型农业经营主体的创新力、竞争力等优势得到体现，从而带动小农户进行现代化农业发展。加快农村一二三产业融合，特别关注和引导家庭农场、农民合作社等新农合企业的发展，对农业综合企业、农业龙头企业和规模化专业农民给予一定的帮助和引导。这有利于集成农村要素，开拓农业发展市场，加强资源整合，为乡村产业振兴提供发展空间。

2. 加快推进农业农村经济多元化发展的步伐

促进农业农村经济向着综合化和多元化方向发展，加快农村一二三产业的融合发展，发挥出农业农村经济的专业化和特色化优势，并积极引进城市企业和资本的投入，充分利用城市企业的带动作用。

从乡村振兴和区域经济高质量发展的层面来说，城市企业应该具备一定的乡村亲和性和农业融合特点，这样才能发挥下乡带动作用，为农业延伸产业链的构建提供较大帮助，为供应链和价值链的打造创造条件。除此以外，具备较好农村发展适应性和竞争优势的企业也能很好地起到帮带作用，有利于城乡之间的分工协作和错位发展，例如，农特产品加工业、乡土工艺品产销、休闲娱乐产业、乡村健康养生和乡村旅游业等很多农村产业就是充分利用了城乡错位发展优势。但是，发展农村产业要充分考察和研究地区的人口特点、区位条件、发展状况、发展阶段和资源禀赋等现实情况，这样才能使得农村产业发展符合当地市场发展需求。

特别要提出的是，农业农村产业的多元化与综合化发展和农业产业专业化与特色化发展在一定程度上具有相通性，然而，多样化发展和综合化发展是在宏观层面上进行的，而特色化发展和专业化发展主要是在微观层面上进行的。从二者的关系中可以看出，微观层面的专业化和特色化发展是宏观层面的多元化和综合化发展的基础和前提。因此，不管是从宏观层面来说还是从微观层面来说，农村农业的多样化发展和综合化发展、特色化发展和专业化发展是非常重要的，在宏观经济和微观经济层面上，农村和城市之间建立了一种基于分工和伙伴关系的新型发展模式。

2018年的中央一号文件将乡村特色产业如科技、旅游、文化和生态作为农村工作的重点，致力于传统工艺的振兴和发展，鼓励手工作坊、乡村车间、家庭工场等多种形式的农村产业发展。将农村产业建立在科技、旅游、生态发展等基础上，可以推动农村经济的综合化和多元化发展新格局的出现，形成自己的竞争力和优势，真正实现增加农民收入的目标。除此以外，乡村产业的发展既有利于农业农村经济的综合化、多元化发展，又有利于为城市带动乡村经济创造条件，将城市产业的优势资源和人才吸纳到农村产业中来，为乡村关联产业的发展创造积极的氛围。

国内各个区域的乡村资源优势各有不同，发展现状和发展前景也各有不同。加上信息化、城镇化、农业现代化和工业化的不断加剧，为乡村发展趋势带来了不同程度的影响。所以乡村产业振兴计划更需要基于现实情况考虑，制定更加有针对性的政策、方针来引导农村产业振兴。[1]

3. 建设支撑乡村产业振兴的载体及平台

目前，我国农村农业政策的重点是构建产业化发展的手段和平台。比如，加强对农业科技园区、电商产业园、特色小镇、田园综合体、示范推广基地和返乡创业园等多种农村产业发展平台的建设，从政策和资金上对现代农业科技创新中心、新型农业服务主体、新型农业经营主体的发展给予大力支持，完善和强化各种涉农企业平台，建立和完善全面跟踪互联的追溯监控服务平台。

在产业发展的平台或载体建设中，高度重视乡村产业振兴的重要环节和重要领域，对各种资源高度整合和集成，激发市场活力，采取组团式的产业链开发和发展形式，加强农村产业发展的现代化和计算机化，改善和完善各产业之间的资源、要素和市场，提高农村产业振兴变革的效率和质量，有利于农村产业发展的多元化和综合化，为乡村产业振兴的高质量和高效率化提供保障。强化试点试验和示范窗口的建设，有利于推进农村产业改革，实现城乡之间和

---

[1] 郭志敏.扶贫背景下乡村旅游产业链优化发展的对策研究[J].农业经济, 2019 (10): 50-51.

区域之间的联动协同发展机制的制订和发展。①

4. 推动供给侧结构性改革的发展

在主要供给侧结构性改革的基础上,建设和推进农村产业体系、生产体系和经营体系,为供给侧结构性改革提供便利的条件,从本质来说就是解决供给侧的结构问题,从而为供给体系的效率、质量及竞争力的提升提供一定的保障。提高供应体系的效率和灵活性,以适应不断变化的需求体系和需求结构。

公共产品供给和公共服务供给是有效供给的两个重要方面。而乡村产业振兴就是要以现代农业和农村经济发展的多元化、综合化为基础和前提。

提升和保障农业发展质量,培育乡村发展新动能成了2018年中央一号文件的重要指导思想之一,这也将主线农业供给侧结构性改革作为一项国家政策进行高度重视,从而为现代农业产业体系、生产体系和经营体系的构建和发展创造有利环境,提升农业的竞争力和创新力,加快中国向农业强国转变的步伐。②

第二节 乡村产业振兴与脱贫攻坚

一、乡村振兴战略产业兴旺的国家政策

"三农"是关系国计民生的根本性问题。1982年,中央出台了第一个一号文件——《全国农村工作会议纪要》。自此以后,国家对"三农"的政策力度有增无减。

总的来说,国家农业政策经历了以下三个阶段的变化和演进。③

第一个阶段(1982—2001年)强调农业生产,围绕农业市场化、规模化、体系化建设推行包括制度、要素投入等一系列改革。

第二个阶段(2002—2016年)强调农业的经济和社会效应,要求农业发

---

① 杨桂华,冯艳滨.乡村旅游精准扶贫要"管好"入驻企业[J].人民论坛,2019(23):72-73
② 刘汉成,夏亚华.乡村振兴战略的理论与实践[M].北京:中国经济出版社.2019.
③ 孔祥智.乡村振兴的九个维度[M].广州:广东人民出版社,2018.

展在承担产业任务的同时，承担城乡统筹建设、资源调整、产业体系延伸等多种功能，建立起有保障、有质量、有产能、有效率、有格局的产业体系。

第三个阶段（2017年至今）强调农业产业发展的综合力量，农业要有赋能的属性，能够在一切需要它发挥作用的地方展现应有实力。农业不再作为一种产业体系而存在，而是超越了这种体系，成为全产业、全社会、全生态的体系。乡村产业不再局限于农业或者"农业+"，而是充分发挥农业的力量，实现"农业+"，成为衔接不同产业、不同格局的力量。在未来一段时间内，国家农业政策将聚焦于精准扶贫、农产品增质提效、绿色生产、产业结构和空间调控。

党的十九大报告提出，实施乡村振兴战略要坚持农业农村优先发展，按照产业兴旺、生态宜居、乡村生态文明、治理有效、生活富裕的总要求，建立健全城乡融合发展体制机制和政策体系，加快推进农业农村现代化。

《中共中央　国务院关于实施乡村振兴战略的意见》（2018年中央1号文件）提出了乡村振兴战略的实施意见。乡村振兴，产业兴旺是重点。必须坚持质量兴农、绿色兴农，以农业供给侧结构性改革为主线。大力开发农业多种功能，延长产业链、提升价值链、完善利益链，通过保底分红、股份合作、利润返还等多种形式，让农民合理分享全产业链增值收益。实施农产品加工业提升行动，鼓励企业兼并重组，淘汰落后产能，支持主产区农产品就地加工转化增值。重点解决农产品销售中的突出问题，加强农产品产后分级、包装、营销，建设现代化农产品冷链仓储物流体系，打造农产品销售公共服务平台，支持供销、邮政及各类企业把服务网点延伸到乡村，健全农产品产销稳定衔接机制，大力建设具有广泛性地促进农村电子商务发展的基础设施，鼓励支持各类市场主体创新发展基于互联网的新型农业产业模式，深入实施电子商务进农村综合示范，加快推进农村流通现代化。实施休闲农业和乡村旅游精品工程，建设一批设施完备、功能多样的休闲观光园区、森林人家、乡村民宿、特色小镇。对利用闲置农房发展民宿、养老等项目，研究出台消防、特种行业经营等领域便利市场准入、加强事中事后监管的管理办法。发展乡村共享经济、创意农业、特色文化产业。

依照党中央、国务院决策部署，国家发改委2018年牵头编制《乡村振兴战略规划（2018—2022年）》（以下简称《规划》），按照程序上报党中央、国务院。2018年5月31日，中共中央政治局召开会议审议《规划》。国家发改委根据本次会议要求，对《规划》进行修改完善，并报请印发实施。

《农业农村部　财政部关于深入推进农村一二三产业融合发展开展产业兴村强县示范行动的通知》（农财发〔2018〕18号）提出：全面贯彻落实党的十九大精神，以习近平新时代中国特色社会主义思想为引领，以实施乡村振兴战略为总抓手，以农业供给侧结构性改革为主线，以产业融合发展为路径，以乡土经济、乡村产业为核心，以农业产业强镇（含乡，下同）示范建设为载体，以资金资源统筹、投融资机制创新为动力，推动农业转型升级，推进产业全面振兴，带动农村全面进步、农民全面发展，走出一条中国特色社会主义乡村振兴道路。

二、乡村振兴战略的产业兴旺实施路线图

党的十九大报告要求，建立健全城乡融合发展体制机制和政策体系。产业发展是实现乡村振兴的核心。农村产业发展是农村可持续发展的内在要求。

初步归纳，关于乡村振兴战略的产业兴旺实施策略如下：

第一，编制乡村振兴战略规划、产业振兴专项规划和三年行动计划。各级党委、政府要加强组织领导，明确各级发改、农业、工业和信息化、畜牧、林业等部门职责，加强协调互动，分工负责，研究制订和分解落实乡村振兴战略规划与三年行动计划。各部门制订文化旅游、乡村文明、组织建设、人才建设、科技研发等专项规划，完善各级乡村振兴的政策环境和产业政策，为产业兴旺提供科学的决策依据。

第二，积极推动并探索乡村振兴的产业兴旺模式。我国农村过去强调农业生产发展，目标在于解决农民的温饱问题。党的十九大以来，农业必须从生产发展到产业兴旺，其主要目标是实现农业农村现代化。产业兴旺从过去单纯追求产量向追求质量转变、从粗放型向精细型经营转变、从不可持续发展向可持续发展转变、从低端供给向高端供给转变。

第三，采取问题导向，制订有序推进的步骤和策略。党的十九大将产业兴旺作为乡村振兴战略的核心。为解决我国农村产业发展的诸多问题，包括但不限于：地方特色和核心优势不明显、产业布局同质化、产业结构单一、产业缺少竞争力、效益增长乏力等，必须加强调查研究，改进管理决策水平，创新振兴模式和思路，优化农业产业结构，补短板，降成本，打通农村产业发展的"最后一公里"。

第四，确定优势产业和培育产业。根据各地区资源和优势，运营分析模型，确立产业组合和主导产业，明确产业发展的主要任务。积极探索农村产业模式和新业态，制订具体行动计划，推动农村一二三产业融合发展。严守耕地红线，大规模推进高标准农田建设和农村土地综合整治，加强永久基本农田保护，全面落实永久基本农田质量建设，建立健全耕地保护补偿和激励机制，构建数量、质量、生态协调发展的耕地保护体系。运用物联网、大数据、云计算、人工智能等技术改造提升传统农业，发展智慧农业、设施农业、都市农业。大力培育家庭农场，鼓励有条件的种养大户、农村经纪人和投身现代农业的高校毕业生登记注册成立家庭农场，开展示范创建，打造特色农场、美丽农场和智慧农场。

第五，落实责任分工和重点任务。以推进供给侧结构性改革为主线，明确产业兴旺的路线和主要责任，分工落实到各部门、各行业和重点农业示范园等，与重点项目相结合，不断优化、提升供给质量和效益，推动农业农村发展提质增效，实现农业增产、农村增值、农民增收。

第六，完善产业兴旺的要素配置和激励机制。重点是出台要素资源流动和优化配置的政策，制定出台财政、税收、金融和产业政策，发行产业扶持基金或乡村振兴战略基金，出台人才培育、引进和科技研发激励政策，制定各级党委、政府与乡村振兴、产业兴旺挂钩的政策与考核细则。加大责任考核和业绩兑现，提升规划制订和产业落地的力度和监督约束，推动产业兴旺目标的顺利实现。

三、乡村振兴战略的产业兴旺实践案例

（一）国际产业振兴实践案例

1. 典型国家的乡村产业发展案例

全球各国农业实践可以为我国乡村振兴战略实施提供借鉴。本书系统梳理世界范围内重点国家的实践做法，按照效果显著、模式创新、有普遍参考价值的原则，进行了归纳提炼，总结出日本、韩国、德国等7个典型国家的乡村产业发展案例。

（1）日本乡村产业发展。日本乡村产业发展的特点是优质、品质、支持、协作。具体是指，开展优质农业，打造农业品牌效应，将农副产品的质量进一步提升；推行"六次产业"方案，不断探索农业的不同用途；推行"分工专业化、生产工厂化"的策略，并且促进各种农副产品转化，实现商品化的高效率；基于农协组织所提出的全产业链服务措施，实现各地农业之间融合生产。政府给予认同、提供帮助及开展有效的农业贸易保护政策，来维持国内农产品市场的发展。

（2）马来西亚乡村产业发展。马来西亚乡村产业发展的特点是创汇、外资技术。具体是指，推行农业经济多样化策略，注重开展创汇型和外向型的特色农业，鼓励热带水果、橡胶、棕榈油、可可和海产品等特色产业的创新发展；积极引进新加坡等国家的技术与资金，加快农业、农产品加工业的发展步伐。

（3）意大利乡村产业发展。意大利乡村产业发展的特点是观光、有机。具体是指，根据各区域独特的特点来发展各地具有明显优势的瓜果蔬菜等特色种类，调整农业种养布局，实现观光农业与有机农业协同发展，增加农业生产产量，推行欧盟共同农业政策，积极提高农业竞争力。

（4）德国乡村产业发展。德国乡村产业发展的特点是规模、人力、科技、加工。具体是指，加强土地整顿力度，优化农业基本结构，扩大农场管理规模；重视培养高标准、高技能、高素养的农业劳动工作者，支持合作社及各类农业联合体发展，完善农场经营管理机制；配备各种高水平的农业科技，以

保证德国农业发展竞争力；通过高度发达的农产品加工业，帮助提升农业产品附加值，推动开展欧盟共同农业政策，提高农业竞争力。

（5）荷兰乡村产业发展。荷兰乡村产业发展的特点是出口、技术、优质高产。具体是指，立足欧盟，着眼全球，着力开展出口导向型农业；建造发达的农业设施，运用资金集中的先进农业技术提高农业输出；针对各地实际情况大力发展农产品加工业、大田种植、园艺及畜牧，突出产品的精良，实现特色高产量输出；推动开展欧盟共同农业政策，提高农业竞争力。

（6）韩国乡村产业发展。韩国乡村产业发展的特点是特色、区域性产业。实行新村运动，采用政府主导、农村提出申请的方式进行精准建设；以提高农民收入为核心，着力改善农民生产生活环境，引导农村发展特色产业、区域性产业。

（7）美国乡村产业发展。美国乡村产业发展的特点是高端、全金融服务。对农业制订全方位扶持保护政策，促进农业规模化、高端化、品牌化发展；政策性、商业性和合作性金融机构三足鼎立，分别发挥引导、核心和扶持作用。

2. 成功乡村产业发展遵循的原则

对筛选出的上述案例进行归纳发现，成功的乡村产业发展都遵循以下原则。

（1）注重可持续的规划管理，协调产业与生态、社会之间的发展关系。"以人为本"和"生态"是乡村产业的两个中心，产业的发展自始至终应该围绕它们开展。始终秉持可持续发展理念，保证实施策划的权威地位，策划一旦得到许可，则必须开展，不能随便变更。另外，策划的系统性、前瞻性、合理性和切实性对于其实施具有重要作用。

（2）因时、因地、因势制宜，上下结合，充分发挥乡村主体的主观能动性。因时制宜，就是把握历史发展风口，推动乡村产业发展。农业濒临崩溃，工农业、城乡差距大，农村在经济、文化等各领域均远远落后于城市。乡村发展到了需要突破的关口。韩国因时制宜，发起新村运动，以提高农民收入为核心，引导农村发展特色产业、区域性产业。因地制宜，就是充分利用资源禀赋，发挥本国比较优势，带动乡村产业发展。马来西亚自然资源丰富，区位优势显著，以特色产业开局，以国际市场支撑多样化发展，充分利用毗邻新加坡的区位优势，引进外资和先进技术实行链上整合，提高附加值。因势制宜，就是对产业发展方向进行精准判断，顺势而为，带领乡村产业占领新高地。美国乡村产业发展一直采用因势利导的政策，农业与制造业、服务业一直"友好相处"，并通过双向资源、技术、资金输出，建立完整农业体系。日本首次提出"新六产"概念，在农业未来发展中抢占"跑道"，进行全链服务。另外，各类乡村产业发展成功的国家，无一不是在政府和市场双重努力下快速发展，尤其是在乡村产业发达的国家，政府的规划布局起到了关键作用。

（3）加强对乡村基础设施配置的重视程度。各国大多数乡村经历了由多元目标代替单一目标进行综合开展的转变过程，如乡村产业崛起、基础设施建设、居住条件改善等。其中，乡村产业振兴一直是目标的中心，基础设施建设及改善乡村居住环境一直是首要选择，基础设施建设、公共服务设施改进一直作为工作的重点。在研究日韩等国家的发展规划中发现，医院、学校、图书馆、公园及广场等公共基础服务设施建设一直处于其首要发展位置，主要通过逐步完善通信、能源供给和交通等设施的方式来提高农村居民的生活水平，满足居民的工作需要。政府及时改善乡村互联网以应对当前信息化发展局面，促进信息服务平台建设，全面推广农业信息化并在人才培训、农产品销售、农业信息资源开发等方面给予相应的帮助。基础设施作为有力的支撑条件不断推动产业发展，产业振兴后又反哺基础设施建设，形成良性循环。

（4）鼓励大众参与，充分发挥群众的积极性和创造性。在典型案例中，大众参与策划的形式多种多样，不仅可以在进行策划准备工作时参与规划、展示论证和座谈会等不同形式的研究，还能在策划开展时期一起参与讨论。不同国家和地区极其重视公众参与的法律权威，为公众参与提供法律保障，比如，主管部门不能批准未经公众论证的策划，以此鼓励公众参与。在策划实施和建设阶段，公众应积极履行监督义务，若有需要，可向相关部门申诉不符合策划内容的行为。

（二）我国区域产业振兴实践案例

1. 浙江省产业精致发展模式及其借鉴

（1）浙江省产业精致发展模式。

浙江省是习近平新时代中国特色社会主义思想的重要萌发地，也是习近平新时代"三农"思想的重要发源地。2015年，习近平同志系统总结了改革开放以来浙江"三农"发展的实践经验，提出了以"执政为民重'三农'、以人为本谋'三农'、统筹城乡兴'三农'、改革开放促'三农'、求真务实抓'三农'"为核心要义的"三农"思想。在此基础上，浙江省进一步发挥自身优势，扬长避短，逐渐形成了特色鲜明、管理创新、规模集群、品牌生态、技术支撑于一体的产业精致发展模式。具体来说，就是坚定一个长期发展目标，以农业产业、特色产业和新兴产业发展为核心，以平台体系、生产体系和评价体系为支撑，打造乡村产业品牌，构建面向新时代的产业生态。

2018年，中共浙江省委、省政府出台《全面实施乡村振兴战略高水平推进农业农村现代化行动计划（2018—2022年）》，提出了实施乡村振兴战略的总体目标。到2020年，建成与小康社会相适应的产业体系；到2022年，现代化高水平产业体系持续建设；到2035年，农业现代化率先实现；到2050年，乡村全面振兴，乡村产业体系实现生态化发展。

农业产业、特色产业和新兴产业精致发展。构建高层次的产业体系，立足浙江省气候多宜、地貌多样、物种丰富的资源禀赋优势，坚持做稳战略产业（粮食）、做强特色产业（蔬菜、茶叶、果品、畜牧、水产养殖、竹木、花卉苗木、蚕桑、食用菌、中药材十大主导产业）和做大新兴产业（休闲观光农业等），加快推进农村一二三产业融合发展。全省共建成55个产值10亿元以上的示范型农业全产业链。

平台体系、生产体系和评价体系精致建设。着力构建现代农业产业平台，创新制订实施农业"两区"建设规划，在全省布局建设800万亩粮食生产功能区、800个现代农业园区，打造农业发展主平台、主阵地。"两区一镇"建设经验在全国推广，在全省布局建设国家级现代农业产业园、国家级特色农产品优势区、农村一二三产业深度融合的省级现代农业园区、特色农业强镇和农业全产业链，打造高规格的载体抓手。组织开展全国首个现代生态循环农业试点省、首个农产品质量安全示范省、首个农业"机器换人"示范省、首个畜牧业绿色发展示范省、首个整省推进的国家农业可持续发展试验示范区、农业绿色发展试点先行区和全国土地确权登记颁证、信息进村入户等系列"国字号"试点示范省创建。构建高标准的生产体系，大力推进农业标准化、绿色化发展，全面建立以绿色生态为导向的财政支农政策体系，集成推广种植业主推技术、畜牧业科学生态养殖模式、新型农作制度，构建"主体小循环、园区中循环、县域大循环"三级生态农业循环格局。着力优化农业农村现代化评价体系，探索构建农业现代化评价指标体系（包括农业产出水平、要素投入水平、可持续发展水平三个方面共26项指标），并纳入省委、省政府对各地党委、政府考核内容。根据乡村振兴战略，出台农业农村现代化评价体系。

打造高水平的农业品牌。坚持"产出来、管出来"两手抓，推广全程标准化生产和全产业链安全风险管控，农产品质量安全水平稳居全国前列。推进农业品牌振兴，组织实施浙江农业品牌百强榜行动计划，每年开展系列"十大"品牌农产品推选，办好中国国际茶博会、浙江农博会等系列展会并向线上拓展，使"丽水山耕"等一批区域农产品公共品牌进一步做大做强。

目前，浙江省已经编制乡村振兴规划，下一步将全面启动省部共建乡村振兴示范省工作。

（2）浙江省产业精致发展模式的借鉴

浙江省是我国"三农"工作开展较早且成效显著的省份，其在特色小镇建设、美丽乡村和休闲旅游等新兴产业开发方面形成了独有的模式。总体来看，有以下三点的实践和借鉴。

第一，因地制宜创新产业发展模式，就整体而言，主要有六种模式：①传统+旅游，在保护利用古村落的基础上，探索古村落的历史文化内涵，将其与旅游文化有机结合起来，这种方式不仅能够促进古村落活态保护，而且促进村民增收，实现古村落保护与产业发展、村民增收之间的良好互动，如建德市新叶村等；②资源+农业，以专业化分工为依托，以当地的资源情况、产业根本和市场需求为基础，发展"一村一业"，带动村庄产业发展，例如，"一片叶子富了一方百姓"的安吉县黄杜村,便是利用白茶特色产业促进村庄发展;③生态+旅游,实现创新农业与乡村休闲旅游之间的相互联系,创造出一条农业与二三产业融合的新发展模式,提高村庄产业发展水平,促进村民增收,如安吉县鲁家村打造的田园综合体,完成了一二三产业结合发展;④互联网+农业,例如,临安区白牛村及缙云县北山村等地,他们依靠电子商务促进村庄产业发展;⑤市场+产业,台州市路桥区方林村打造了浙江方林汽车城,开拓了以市场为中心,工业为主、农业为辅的产业局面,以此来促进经济发展;⑥渔业+农业,宁波象山东门村利用海岛、海洋资源优势,以"渔、港、景"为中心,将旅游、休闲、海洋渔业融合发展,建设美丽渔村。

第二,发展绿色生态,促进产业发展。浙江省乡村产业存在许多模式,它们之间互相补充、借鉴、融合与完善,共同促进乡村产业发展。农旅、文旅融合产业发展模式便是依托原有的农业产业逐步演变并加以深化而来的。浙江省遵循"绿水青山就是金山银山"原则,积极探索一条将生态特色转变为经济优势的道路。安吉县余村村美、民富便是一个很好的例子,它是"两山"理论的发源地,依赖绿水青山发展生态经济,取代破坏环境换取高增长的传统方式。浙江省依托"两山"理论来寻找一条各具特色的、美丽和谐的、绿色文明的、可持续的健康经济发展道路,建设为新一批宜居、宜业、宜游的美丽村庄。

第三,注重农民创新理念和政府指导结合,重视农民的创新品质。浙江省农民有着积极拼搏、不畏艰险、着重创新、兢兢业业的精神。40年来的改革创新实践中,许多个全国第一都是由浙江省农民获得,如第一个农民专业合作社、第一个"淘宝"村、全国第一个集资建设的"农民城"及第一个美丽乡村评价标准等。发展优质高效生态农业、"一村一品""一村一业"专业市场、个体私营经济、村级集体经济股份合作制改革、土地有偿承包和农田规模经营及农村土地承包经营权流转、建设美丽乡村发展美丽经济、探索村级集体经济发展路径等改革,是浙江省农民群众的创造,也是浙江省各级党委和政府尊重人民群众创新精神、提炼和推广实践经验的结果。中共浙江省政府制定了《浙江统筹城乡发展推进城乡一体化纲要》和《中共浙江省委浙江省人民政府关于全面推进社会主义新农村建设的决定》，连续多年出台促进农民收入增长的政策文件，统筹城乡发展，不断深化农村改革。开展"千村示范、万村整治"工程，注重生态文明建设，及时进行产品更新，建造产业昌盛的富饶乡村。寻找村级集体经济发展道路，完成村民共富共享目标，培育新型农民和新型现代经营主体，促进制度创新，提升农村发展活力，使农民成为新时代独立市场主体，鼓励农民创业创新。

浙江省诸暨市、安吉市、嘉兴海宁市梁家墩、宁波奉化滕头村等也很有特色，值得借鉴。

2.广东省点面结合发展模式

2018年，广东省发布了乡村振兴战略规划，对广东省乡村发展进行了全方位的部署。

（1）着力在学懂、弄通、做实上下功夫，深入开展现代农业发展改革"重中之重"课题调研，认真谋划实施乡村振兴战略的思路举措，推动农业供给侧结构性改革稳健起步。严格落实全面从严治党"两个责任"，扎实推进"两学一做"学习教育常态化制度化，深入开展"走在前、做表率"活动，加强政风行风建设和监督执纪问责。

（2）着力加强政策出台，关于推进农村一二三产业融合发展、完善农村土地所有权、承包权、经营权分置，集体产权制度改革，深化屠宰行业改革等方面的政策性文件。推进农业"三项补贴"改革，首次实行农机购置补贴资金年度内动态调剂，开展植保无人机补贴、农机报废更新补贴"两个试点"。加强农业法治建设，《广东省荔枝产业保护条例》和《广东省动物防疫条例》都是良好的体现。

（3）着力优化农业结构布局实施"藏粮于地、藏粮于技"战略，大力建设5个现代粮食示范区，举办水稻产业大会，重点建设了一批岭南特色水果种苗繁育场和品种改良示范基地，支持岭南中药材加快发展，推动48.7万个特色产业扶贫帮扶项目精准到户。新增畜禽标准化规模养殖示范场27个，将畜禽养殖规模化率提高到63%。根据环境容量调减生猪养殖213万头（占6%）。部署推进粮食生产功能区、重要农产品生产保护区划定工作，组织实施了雷州半岛农业现代化三年行动计划。

（4）着力培育新型经营主体，推进培育千家省重点农业龙头企业和百家农业龙头企业上市计划，培育省重点龙头企业820家（含国家重点龙头企业56家）、上市涉农企业65家，认定国家级和省级农民合作社示范社1651家。培育新型职业农民3万人。各类新型经营主体带动620.5万农户拓宽就业增收渠道，发展多种形式的农业适度规模经营。

（5）着力强化农业科技支撑，实施农业科技创新联盟专项，认定116个省级现代农业产业科技创新及转化平台。实施现代种业提升工程，育成农作物优良新品种97个，新增种苗繁育能力1亿多株，建立优良新品种示范基地60个，示范推广优良新品种370个，保存农作物种质资源7.2万份，新建狮头鹅、华南中蜂国家级保种场。

（6）2017年下半年开始，全省各地陆续出台乡村振兴规划方案和行动计划，部分地区进入实际操作阶段。广东省湛江市审议了《湛江经济技术开发区乡村振兴战略实施方案（2018—2020年）》；佛山市高明区提出年内建成15个美丽乡村，形成4条美丽乡村示范带；汕头市提出因地制宜建设美丽乡村，坚持"先规划后建设，无设计不施工"原则，发挥规划引领作用。早在实施乡村振兴战略之前，广东省的部分乡村已经形成了独有特色，如揭阳市军埔电商村、佛山市陈村"花卉之都"、德庆县新农村发展模式等。基于此，2017年11月，广东省委宣传部启动开展"广东改革开放百村探索"重大理论工程，系统研究广东百村的发展历程和经验，进行示范推广，实行以点带面、点面结合的发展模式，综合理论与实践，创新发展路径。所以，广东省的乡村振兴战略模式不同于其他地区，属于自下而上、以点带面、点面结合的发展模式。

广东省通过激发各方面的热情，充分发挥各乡村的主观能动性，让各乡村扬长避短，形成优势产业。然后，通过自下而上的方式进行查漏补缺、示范推广、以点带面、良性发展，推动乡村振兴战略的实施。广东省的点面结合发展模式值得借鉴。

第三节　乡村生态文明振兴发展

乡村生态文明是乡村振兴的重要内容，是我国传统农耕文化和优秀乡村文化的传承与融合。乡村生态文明是乡村文化建设和乡村精神文明建设的重要目标，培育乡村生态文明是乡村文化建设和乡村精神文明建设的主要内容。

一、乡村生态文明振兴的国家政策

文化是乡村的灵魂，文化兴，乡村兴。2018年3月8日，习近平在参加山东代表团审议时强调，要推动乡村文化振兴，加强农村思想道德建设和公共文化建设，以社会主义核心价值观为引领，深入挖掘优秀传统农耕文化蕴含的思想观念、人文精神、道德规范，培育挖掘乡土文化人才，弘扬主旋律和社会正气，培育文明乡风、良好家风、淳朴民风，改善农民精神风貌，提高乡村社会文明程度，焕发乡村文明新气象。这是乡村文明建设的指导思想。

2018年中央1号文件提出，要培育文明乡风、良好家风、淳朴民风，不断提高乡村社会文明程度。文明的乡风、家风和民风是乡村振兴的重要内容和有力保障。

二、乡村生态文明振兴的实施路线图

乡村生态文明是乡村振兴的关键。文明中国根在文明乡风，文明中国要靠乡村生态文明。乡土社会是中华民族优秀传统文化的主阵地，传承和弘扬中华民族优秀传统文化必须注重培育和传承文明乡风。推进乡村乡风、家风和民风文明，应重点实施如下策略[①]。

第一，加强思想引领。把习近平新时代中国特色社会主义思想作为实施乡村振兴战略，建设文明乡风、家风和民风的思想引领，持续传播党的十九大精神。聚焦脱贫攻坚、绿色发展、共建共治共享社会治理等农村热点问题，研

---

① 邵明.乡村振兴与农村电商发展[M].北京：化学工业出版社，2018.

究制订解决问题的思路和方法，引导农村干部群众坚定信心、鼓足干劲，自觉投身乡村振兴的伟大实践。

第二，建设文明新风。积极推动和塑造农村新风尚，杜绝厚葬薄养、人情攀比等陈规陋习。传播科学健康生活方式，移风易俗、敦风化俗，引导农民享受现代文明生活。落实村民议事会、道德评议会、红白理事会等村民组织，开展乡风评议，推动自治、法治、德治的融合，整治陋习，树立良好风尚。

第三，塑造良好乡风。开展乡村精神文明创建活动，培育和践行社会主义核心价值观。倡导良好家庭、家教、家风，加强农村家庭文明建设。开展"星级文明农户""五好文明家庭"等评选活动，关爱农村留守儿童、留守妇女、留守老人，开展农村志愿服务活动。

第四，抓好环境整治。将乡村生态文明与生态环境建设紧密融合，坚持人与自然和谐共生，践行"绿水青山就是金山银山"的理念，以建设美丽宜居村庄为指引，落实农村人居环境整治工程。加大农村垃圾污水治理和村容村貌建设，推进农村厕所革命，改善农民生产生活条件。深化农业供给侧结构性改革，主动补齐农村人居环境短板。树立现代生态文明观，倡导人与自然和谐共生，尊重自然、顺应自然、保护自然，建设生态宜居和谐的美丽乡村。

三、乡村生态文明振兴的实践案例

潍坊市2011年启动实施乡村文明行动，到2018年经历了7年时间。全市以乡村文明行动为统领，推进农村精神文明建设，取得了明显的成效，全市城乡环卫一体化实现全覆盖，农村人居环境显著改善，移风易俗扎实开展，红白理事会基本实现对村居全覆盖。"新农村新生活"农村妇女培训和各类学雷锋志愿服务活动、群众性文化活动蓬勃开展，乡村生态文明程度有了显著提升。170个镇村入选全省"百镇千村"建设示范工程文明家园示范村，1807个村镇被评为县级以上文明村镇，全市63.8%的村居达到县级以上文明村标准。

潍坊市深入推进城乡环卫一体化工作，重点抓好五项工作：第一，进一步强化组织领导，组织推动的层次和力度，是决定乡村文明行动成效的关键，深化乡村文明行动，必须从强化组织领导入手；第二，进一步压实部门责任，各主要责任部门是推进乡村文明行动的重要工作力量，要进一步明确职责分工，消除依赖心理和空白地带；第三，进一步树立问题导向，要坚持问题导向，把发现问题、解决问题作为提升工作水平的着力点，从群众反映强烈、测评中反馈出来的突出问题入手，抓整改，强基础；第四，启动开展乡村文明行动"大调研、大宣传、大改进"活动，结合市委、市政府提出的"大学习、大调研、大改进"活动，启动乡村文明行动"大调研、大宣传、大改进"活动；第五，进一步强化督察督导，始终聚焦现实问题，以强有力的检查督促推动问题整改、工作提升。

第四节　乡村文化振兴发展

一、乡村文化概述

（一）乡村文化的内涵

1. 乡村文化

广义的文化是指各种器物、风俗、习惯、语言、宗教、政治、经济等物质的和精神的综合体。狭义的文化是指建立在经济基础上的意识形态的总体，其所限定的范围就是精神文明。乡村文化是指以固定的社会生产生活方式为前提，以农民群众作为主体，在乡村社区范围内形成的文化形态，反映着农民群体的价值观念、生活方式、文化素养和交往形式等。

乡村文化同一般意义上的文化一样，是一种变化着的文化，文化变迁是乡村文化的一个属性。这就意味着乡村文化可以在新的情况下加以诠释，进行重新构筑，赋予其新的内涵。乡村文化的形式多种多样，涵盖道德文化、教育文化、娱乐文化、民间文学艺术、体育文化、乡村宗教文化、祭祖文化、语言符号文化、经典文化、庆典文化、礼仪文化等。乡村文化的活动场所也很多，主要有娱乐广场、体育场、寺庙、祠堂、乡村文化馆、歌舞厅、电影院、博物馆、社区信息中心、电视、广播、互联网等现代信息传播网络。

乡村社会与城市社会之间既有共性又有区别，其文化形式也有共性和区别。其主要具有以下特点。

（1）农民是乡村文化的主体。乡村文化是以农民为主体的文化，是农民在长期生产和生活中创造出来的文化。

（2）乡村社区是乡村文化载体。顾名思义，乡村文化是乡村的文化，是以乡村社区为载体的文化。

（3）乡村社会生产方式是乡村文化的底色。乡村文化是由乡村生产力水平和生产关系类型决定的，社会生产方式的不同不但是决定乡村文化与城市文化差异的主要原因，而且也是决定乡村文化变迁的决定性因素。

2. 乡村民间文化

民间文化是乡村文化的一项重要组成部分，是在广大人民群众中流传较为广泛，同时具有浓重的地方特色和民族风格的精神层面或是物质层面的文化。其内容广泛多样，包括文学、音乐、绘画、舞蹈、说唱、神话、故事、传说、器物、工艺和建筑等。

按照美国社会学家雷德菲尔德（Robert Redfield）提出的社会精英们建构的观念体系，如科学、哲学、伦理学、艺术等属于大传统，而平民大众流行的宗教、道德、传说、民间艺术等属于小传统，民间文化属于"小传统"。但是大小传统也并非截然分开的，而是相互作用的。尤其在中国古代社会，士绅阶层多是执着于住在乡野地区，使小传统和大传统、民间文化和精英文化间相互影响、相互作用、相互交流，在此基础上逐步形成中国社会独特的乡村文化。

3. 乡村民俗

民俗是指民间或在人群中不以文字为媒介、口头传承下来的或未加深思被保留下来的生活各个方面的知识和民间传承资料，包括传统风俗、习惯、舞蹈、歌曲、故事和谚语等。

（1）民俗的内容。民俗主要包括文化层面和生活层面。民俗大多并非以文字的形式流传，单靠极少能以文字进行记载的日常性、习惯性的技术、生活方式、思考方式和身体姿势等进行继承。然而，自近代以来，由于人们文化知识水平的整体提升，识字率在提高，文盲越来越少，因此通过文字形式进行继承的民俗在逐步增多。

（2）民俗的特点。民俗的特点分为内部特点和外部特点。民俗的内部特点反映为民族的区别、阶级的差异和全人类的共同性；民俗的外部特点表现为历史性、地方性、传承性和变异性。

（3）民俗的类型。民俗可分为四类：①社会民俗，具体包括宗亲、家族、乡里村镇的传承、风俗习惯；②经济民俗，具体包括民间通俗传承的生产方式、生活习俗和交易习惯；③游艺民俗，具体包括民间流传的文娱活动；④信仰民俗，具体包括民间流传较为广泛的民俗和迷信。

4. 乡村民间信仰

民间信仰主要是指那些不属于具有教祖、教会、教理、经典和教团或宗派组织的原创性宗教，而是形成于地方共同体的一般民众中逐渐培养起来的、代代相传的、日常性的老百姓信仰或民族固有的信仰。这种传统性民俗信仰往往是规定一个共同体的态度、判断及思维方式的基础，对人们的行为方式具有十分重要的影响，是历史和文化决定的民族特点的重要文化因素。民间信仰一般以自然宗教为基础，包括对同族神、地源神的祭祀、出生—成年—婚姻—丧葬的通过仪式、例行节日活动、各种各样的参拜会、自然崇拜及其相关的禁忌、占卜、咒符等内容。这些民间信仰活动往往构成了一个地区的习俗，而一个地区的习俗也往往伴随着民间信仰的色彩。

随着经济社会的发展，国家意识形态的强化，原有的民间信仰对农民的社会生活影响力降低，乡村与民间信仰有关的各种组织和活动大大减少。但在中国，民间信仰的兴衰与国家政治有密切关系，当国家政治力量强大时，民间信仰会陷入低谷，但并不意味着民间信仰的绝迹。事实上，作为一种根深蒂固的传统文化，一旦得到适当的社会环境滋养，民间信仰就会重新出现，并对社会政治、文化、生活产生影响。

（二）乡村文化的特点

1. 乡村文化具有乡土性

传统乡村是以农业为主的自给自足的自然经济生产方式，乡土性是乡村文化的底色。乡村文化习俗的形成、乡村节日的设定、传统农民的图腾崇拜等大多与农业生产、乡村环境保护相关。

2. 乡村文化具有民间性

乡村文化活动一般具有系统性和综合性，多是民间人士积极自主且自愿利用自身威信来开展的文化活动。大多文化活动已经成为人们的风俗，借助乡村德高望重之人的模范引领作用进行代际传递。尤其是道德文化、宗教文化、祭奠文化、礼仪文化和庆典文化等，通常没有文本规范，常常要依靠乡村社会的领头人来把握、示范、传承和发展。

3. 乡村文化具有封闭性

传统乡村社会，人们日出而作，日落而息，过着自给自足的生活，农民一般不与外界交往。在封闭的社会环境中成长起来的乡村文化，不可避免地具有封闭性。近年来，随着经济社会的发展，农民的社会流动性和对外交往联系增加，乡村文化封闭性的特点也随之逐渐减弱。

4. 乡村文化具有相对静态性

社会生产力与社会生产关系的矛盾是文化变迁的根本动力。在传统的乡村社会中，由于生产力与生产关系之间并不直接对立，对于生产力而言，并不存在本质上对生产关系进行改变的要求，因此乡村社会长期处于静态。从文化变迁的角度来看，传统乡村文化基本上可以说是相对静态的；从本质上来说，没有发生本质性的变化；在文化交流层面，乡村文化通常很少与外来文化产生交流，农民群体的社会心理、生活方式和思想观念等都存在显著的传统特征。

5. 乡村文化具有多样性

因为农业生产一般存在较强的地域性，农民之间的交流受限于落后的农业生产状态，乡村文化也同样与地域密切相关，因而各个地区的乡村文化具有很大差别，并且具有多样化的特性。人们常说"十里不同风，百里不同俗"。我国地广人多，各个地区的人民在长期的生产生活中积累出异常多样的乡村文化。比如，服装和饮食文化等方面，基于各民族的居所境况，特别是气候条件、生产方式和生活方式的不同而存在较大差异。文化的多样性在文学、音乐、传说、戏曲、曲艺、舞蹈、诗歌、信仰等多方面亦有所体现。

（三）乡村文化与乡村社会稳定

文化其实是一种行为规则体系，通过建立稳定有序的规则秩序来减少人们日常生产生活中的各项风险,从而促进社会和谐。目前,从促进社会稳定的视角来看,在乡村文化中发挥作用较大的主要有宗教、礼仪、宗法、道德等文化。

1. 乡村宗教文化

宗教来源于人们对未来的怀疑和不确定。正如德国著名哲学家费尔巴哈指出的,宗教的核心往往通过献祭体现出来。人们之所以进行献祭是源于对未来的未知性、对结果的不确定、怀疑和畏惧,而献祭的目的和后果一般是深深的自我感,对结果的确定,满足、自信和享受幸福、自由。人们在进行献祭之前是自然的仆人,而在进行献祭之后是自然的主宰者。宗教能够强化人与人之间的认知深度,人们通过共同接纳的秩序教义和共同尊崇的对象加深认识,浓重的宗教情感有助于团结和稳定内部关系。

根据乡村社会调查研究发现,宗教文化在一定程度上能够维护乡村社会秩序。无论是已经过上富裕生活的农民还是未脱离贫困的农民,都在或多或少地参加一些宗教信仰活动;无论是在传统落后的乡村社会还是现代化工业社会,宗教对人民社会活动的影响都始终存在。科学不会完全抵消人们对于宗教信仰的感情,即便是现代社会的人们,依然有从宗教信仰中获得"关怀"的需求。

2. 乡村礼仪文化

礼仪是指人们为了提升对陌生环境的亲近感,使生存空间更加规则化,借助某些特定的程序化言行进行交流沟通。礼仪可以作为一种特定的技术性模式,在社会活动中规范个人行为,作为行为文化的外延。古人所说的"仁义道德,非礼不成;教训正俗,非礼不备;纷争辩讼,非礼不决"恰恰证明礼仪的这一作用。

积极向好的礼仪能恰如其分地传递善意,有效提高社会交往成效,进而维护社会和谐稳定。在传统社会中,礼仪能有效固化宗法关系和等级关系,但随着社会发展,这种作用正在逐渐消失。如今,我国乡村社会正在向着现代化社会转型,礼仪随之出现一些问题,部分好的礼仪正在遭受不良侵袭,而消极负面、阻碍社会进步的礼仪秩序悄然兴起。譬如,通过"礼仪"进行权钱交易，使礼仪活动的性质发生明显的变化，导致人际交往的社会成本大大加重，性质不再纯粹，妨碍社会发展。

3. 乡村宗法文化

宗族是指具有相同祖先的群体。宗法关系正是以宗族为前提衍生的一种社会关系，具有较强的地域性质。在较为闭合的社会状态下，宗族关系是乡村社会最重要的关系纽带，也是乡村社会伦理道德的基础。此外，宗法关系将固定的机制制度引入农民的生产经营活动。家庭成员在生活需要帮助时，一般最先向同族寻求帮助；在钱财接待和承包地租等重要事项中，一般是同族成员充当中介人；身无长物的人也可以利用宗族关系获取帮助。倘若不存在外来因素影响，宗族间的争执可以通过宗族长者商议而合理解决。

4. 乡村道德文化

道德是指依赖耻辱感维持人们自我约束性的行为准则。在传统的乡村社会中，这种规则通常是由许多血亲关系共同组成的，在血亲关系内部，个人要利用机会主义的收益和风险都远远降低。不具有自我约束的人很容易被甄别出来，因为其个人机会主义与血亲关系整体的规则之间存在极大差异，违反秩序规则会使违规主体丧失名誉，遭受羞耻惩罚。这一惩罚和道德种类与熟人社会这一特性息息相关。因此，道德在传统乡村社会能够较好地发挥稳定作用。在基于社会高度分工基础上的居民点所形成的现代乡村社区，由于人们的非经济往来不会约束基本自由，社会信任的基础已经由道德向契约转变，由自律向他律转变。

（四）乡村文化建设与乡村经济发展

在经济发展理论方面，国际学术界已经达成一致意见。经济发展既包括经济自身增加，还包括结构调整、文化进步和政治发展。从根本上讲，乡村经济发展包含乡村文化建设，其原因有两方面：其一，乡村经济建设在一定意义上促进乡村文化的进步和发展；其二，乡村文化事业的变化和发展对乡村经济建设起着重要的推动作用。

1. 乡村文化发展为乡村经济发展提供社会资本

近年来，国内外学术界越来越认可"社会资本"这一概念，其指的是以人与人之间的双向信任和合作精神为前提支撑社会上层结构的网络。前有科尔曼（Coleman）和布迪厄（Bourdieu）对其进行研究，后有美国哈佛大学教授罗伯特·帕特南（Robert Putnam）以前二者的研究为基础，将社会资本的定义从个人角度转变成社会角度，使其更有公共性质，将社会资本与各个共同体中的"公民精神"画上等号。帕特南认为："社会资本指的是社会组织的特性，比如信任、规范和网络，均有利于共赢互利的合作和活动。"因此，社会资本也可以理解为一个社会的文化基础。从这个意义上说，加强乡村文化建设就等同于提高了乡村社会成员的社会资本，降低了乡村社会成员进行社会交往和社会活动的成本，为提高农民的经济活动效率，促进乡村经济发展奠定了坚实的社会基础。

2. 乡村文化建设为乡村全面深化改革扫除障碍

乡村全面深化改革的使命就是通过新的制度安排，降低公共事务的协商成本。比如，村民自治体制渗入到熟人社区以后，使由于生产关系改变而导致的土地变化更为容易，有效促进着农业经营规模水平的扩大。这是由于在较为传统的乡村社会，道德压力成了约束农户的实际力量，公共品"搭便车"消费有道德压力以外的低成本制约力量。在熟人社会中，由于宗法关系存在隐性的压迫，使乡村居民会按照某些固定的秩序规则进行社会活动。根据乡村社会调查研究发现，在平常的婚丧嫁娶活动和年度性的宗亲祭拜中，"礼遇"会明显体现出其他人对某人的人缘评价，这是一种远大于社区以外的干部对某人所加持的压力。

3. 乡村经济发展给乡村文化进步提供物质基础

随着经济的发展和物质条件的不断提高，文化活动的边界正在不停扩张，与此同时，文化活动的形式也越来越多样化。随着乡村经济不断进步，农民收入逐步增加，农民的活动形式也有了很多正向变化：第一，农民合作积极性提高，乡村公共事业向着更加健康、有序的方向发展。农民专业合作社在经济状况较为良好的地区更好开展，人们也更愿意遵照合作社秩序，合作组织机构能在公共事业方面贡献更多的力量。第二，基于一定的物质条件，乡村社会的公共慈善事业更好发展，农民有更多的心思参与其中。第三，农民有了发展民主政治的现实需求，村民自治工作有了现实基础。乡村的市场化程度和村民参与自治选举的热情程度与农民经济发展水平成正相关。越是经济状况较好的村庄，农民在参与选举过程中的投票就越具有独立性，越不容易受宗法因素的影响。由于村民自治的不断加强，公共领域内的互动诚信关系也在逐步升温，进而有效推进健康、有序的社区文化环境的形成。

4.乡村经济发展影响各种乡村文化类型的社会功能

社会经济的不断进步为人们拓展了交往空间，即人们的交往范围随着经济的发展水平而扩大，多种文化类型的各项社会功能更容易产生变化。通常来讲，无论经济发展处于哪种状态，典籍文化、符号文化和乡村道德文化都在一定程度上影响着乡村社会的整体变化，但只是具体形式上的区别。虽然经济进步带来了陌生人之间的庞大交际网，法律发挥调节人们具体社会行为的功能，但是经济发展不会影响熟人间的关系，更不可能消减道德对人的行为调节功效。随着经济高速发展，教育呈现社会化趋势，但是典籍文化依然在发挥其社会补充作用。实际上，随着经济越来越发达，人们越来越重视历史文化，典籍文化发挥越来越重要的作用。

二、乡村文化发展与变迁

（一）20世纪以来中国乡村文化的发展

自我国进入20世纪以来，乡村社会的发展模式发生了翻天覆地的变化，该变化主要表现在文化领域。在经历了一系列文化冲突、改造后，我国乡村社会逐渐朝好的方向发展。从"国家—社会"这一演变过程来看，将20世纪的乡村文化社会的发展过程分为三个阶段，分别是传统国家—社会关系转型时期、国家对乡村社会高度整合时期和国家体制性权力退出后的乡政村治时期。

1.传统国家—社会关系转型中的乡村文化

中国传统乡土社会的秩序靠"礼治"来维持，是"无讼"社会。因此，一定程度上乡村社会正在逐步离开国家政权体系中心，成为边缘化的存在。传统的乡村社会发展体系中，其所适用的道德体系一定程度上是落后而固化的，这使得乡绅这一社会阶层，成为国家文化体系与乡村文化融合接洽的中间人。

20世纪初，由于战乱，乡村地方性发展的文化结构遭到一定的破坏，国家与乡村之间出现了文化断层，即乡村文化秩序无法与国家主流文化发展方向保持一致，乡村文化的发展逐渐走向混乱、无序。随着我国国家政权体系的进一步完善，基层政治体系建设被提上了国家治理的重要议程，使得基层乡村社会政治体制发生了一定的转变和升级，具体表现在乡村传统的文化发展体系发生了变化、乡村文化意识与国家主流文化内涵接轨，但同时也导致文化与文化之间的冲突日益凸显。譬如，在清末新政时期，废除沿用多年的科举制度，兴办新型学堂，这在一定程度上导致乡村文化与国家主流文化发展的趋势脱节，以至于乡村无法接收到国家主流文化的影响。这也是后期乡村社会中"乡绅"阶层没落的根本缘由。乡村社会中优秀的人才逐渐走向国家，而留在乡村的则是文化水平低下的人群，这是乡村社会人才流失的具体表现。同时，乡绅阶层的没落，一定程度上也导致乡村社会文化体系的紊乱，以至于其文化秩序体系很快被瓦解。

对于这种随着传统国家向现代国家的转型，乡村传统文化秩序瓦解导致传统乡村社会变革产生新的文化需要，以梁漱溟为代表的乡村伦理派认为："从来中国社会秩序所赖以维持者，不在武力统治而宁在教化；不在国家法律而宁在社会礼俗。"他们期望通过重建乡村伦理文化，来实现乡村秩序的好转。以毛泽东为代表的革命派则认为："四种权力——政权、族权、神权、夫权，代表了全部封建宗法的思想和制度，是束缚中国人民特别是农民的四条极大绳索"，他们力图通过革命来打破束缚农民的封建主义枷锁。在我国20世纪初期，国家为强化政治体制的建设，一定程度上向乡村推进了制度建设，但是这一举措也使乡村文化遭受到制度的霸权影响，其二者之间产生了一定的冲突。国家的发展需要将乡村文化作为其发展基础及支撑，以此来拉近国家与乡村之间的距离，从而更好地治理乡村，但是乡村文化体系中还具有一定的宗教家族观念、传统习俗等。因此，国家必须要在尊重乡村文化内涵的基础上，对其文化体系加以完善，从而建立起乡村文化发展的网状结构，实现乡村文化资源的整合。

2. 国家对乡村社会高度整合下的乡村文化

自中华人民共和国成立以来，通过土地改革等运动对国家政权体系及组织进行了革新和整改，并在真正意义上实现了国家政权组织的下移，从而为后续工作的开展打下坚实的基础。在农村集体化发展的时期，土地改革及农业合作社等运动既清理了农村社会发展体系中不合理的部分，也推进了乡村社会权力结构的完善，制订了标准化的乡村发展准则，从而推进乡村社会全方位的发展。同时，随着社会主义发展的主流思想文化被引入乡村文化发展体系，乡村思想文化发展的步调逐渐与社会主义主流思想文化发展的方向保持一致，这在一定程度上使乡村文化乡村性的特点逐渐弱化，而其服务社会发展的作用日益突显。但是，以国家为主体而推进的文化整合有一个极其明显的特征，即文化在一定程度上服务于政治，二者之间相辅相成、相互促进。因此，乡土性质的文化在一定程度上与政治语言系统保持一致，二者之间保持着紧密联系。

3. 国家体制性权力退出乡村社会后的乡村文化

随着家庭联产承包责任制的推行和落实，乡村经济秩序也发生了一定变化，由此推进乡村社会结构进一步的革新与发展，同时也强化社会文化互动体系的建构。因此，国家必须在建设文明健康的乡村公共文化中扮演好服务、引导、管理的角色，在乡村公共文化设施建设、文化产品供给上增大对乡村的支持，建立和健全一整套面向"三农"的新型社会服务体系。同时，为乡村文化体系的建设培养一批人才，将其打造为乡村文化建设的发展主体，从而为乡村文化的建设打下坚实的群众基础，使乡村群众对社会主流思想文化树立起高度的文化自信和文化自觉。除此之外，相关工作人员必须尊重乡村文化的本源性，将农民培养成为乡村文化发展的主体，使其成为乡村文化的缔造者的同时，也确保其对乡村文化发展现状做出一定的评价，从而推进乡村文化的纵深化发展。

（二）改革开放以来乡村文化的变迁

自改革开放以来，我国经济发展实现了质的飞跃，随之改变的是我国乡村发展的整体面貌，并且乡村社会发展结构也发生了一定的变化。我国传统的静态化的乡土文化已经在潜移默化中发生一定的变化，在社会关系、风俗习惯、价值观念等方面都发生了较大改变，因而也造成乡村文化变迁。乡村文化变迁过程中带来了文化的多样性和多元化，体现了转型时期的开放性和包容性。

1. 乡村文化处于过渡形态，造成公共文化供需困境

近年来，随着村民外出务工成为乡村发展的主要形式，农民在务工的过程中，接触到形形色色的思想文化，其思想也受到了一定的冲击和影响，传统观念给其思想发展带来的束缚逐渐被打破，对城市文化及生活观念也逐渐变得愿意接受与认同。这在一定程度上推动乡村文化进入了一个新的阶段，即传统乡土文化与城市经济文化相融合的时期。譬如，传统的戏剧、踩高跷等传统文化活动与新型的文化媒体等结合到一起，从而实现新旧结合的文化发展模式。

2. 乡村社会结构分化，乡村文化共同体特点弱化

中国传统的乡村是以血缘为纽带组织起来的社区，社区成员们一直秉承遵循"乡约""村规""宗法"等思想，有着共同的文化认同感，以此使社区逐渐成为文化发展的集聚地。但是，自改革开放以来，乡村社会的分化日益明显，主要表现为村庄、村民的分化。这种乡村社会结构的分化，弱化了农村基层社区文化认同，工业化和城市化进程的加快，逐渐打破了传统乡村生活发展的基本模式，以此推进社会结构的革新。同时，以血缘、地域、礼俗为文化内涵的乡村社会，在一定程度上逐渐成为以市场经济为内涵的思想文化发展体系，这在一定程度上影响着村民的归属感和乡村社会的整合度。

3. 乡村文化主体丧失，导致传统文化再生虚化

传统乡村区域内，庙宇、祠堂乃至村头树下、水井旁、某户家门口等，都是村民们谈天说地的去处，也是村民们交流信息的场所。这种地缘性的情感在一定程度上是推进乡村社区形成及维系社区发展的基本支撑，也正是由此才使村民对于乡村传统文化有着极大的依赖性。乡村居民已经习惯并依赖长期形成的政府公共文化供给，而国家所提供的政治文化内涵在一定程度上并不能全面满足村民的文化需求，因此自下而上的体系的建设对于公共文化的发展而言，是大势所趋。

4. 价值取向失范，乡村基础秩序崩解

价值取向在一定程度上能够折射出当前社会发展的基本道德价值的发展理念，同时也是社会体系发展的基本推动力和文化支撑。村庄在一定意义上相当于村民精神文化的发源地，众多乡村文化品格都是在其基础上养成的。譬如，乡村民众信奉"天人合一"的自然规律，相信"趋福避祸"的人生准则，传承"乌鸦反哺，羔羊跪乳"的情感道德观念，坚守"出入相友，守望相助，疾病相扶"的人与人之间相处的原则，既对当下看得淡泊，又对未来充满希望。因此，社会主流文化体系的构建离不开传统乡村文化的支撑，如果用来维系乡村社会发展的道德价值体系瓦解，那么整个社会文化体系的基础就会分崩离析，以至于整个社会的道德价值观念紊乱。

（三）乡村文化变迁过程中需要处理好的关系

社会变迁在一定意义上是社会整个运作系统结构发生变化、更替等。而根据社会变迁发生的原因可知，该结构的变迁既产生于该系统内部，也会因客观外在因素而变化。因此，变迁分为以下两个方面，分别是内发变迁和计划变迁。自改革开放以来，发生于我国乡村社会的结构变迁在一定程度上是由国家相关政治思想运动所推动，即是国家有计划、有意识的推进乡村社会体系发生变革。同时，乡村内发变迁在一定程度上也是随着国家变迁计划的制订而产生，与外发变迁不同的是，内发变迁较为缓慢。外发变迁和内发变迁的结合在一定程度上会推动中国乡村社会的变迁，即乡村社会结构的变迁在一定程度上是两种变迁同时进行的结果，这也使得中国乡村文化表现为复杂、多元的特征。从发展历程来看，在改革开放的过程中，由于20世纪90年代市场经济迅速发展，中国乡村文化社会体系受其影响，发展速度也非常快，乡村社会的适应能力被高估，导致二者之间呈现出一种发展不均衡的局面。在这种不均衡的情况下，社会处于极不稳定的发展中，产生了不同程度的发展问题。如果要实现二者之间的均衡发展，必须注重以下几组关系的重建：传统与现代的关系、经济与文化的关系、城与乡的关系、国家—市场—民间社会组织三者之间的关系。

1. 传统与现代的关系

传统与现代的关系，自鸦片战争以来便是我国知识分子不断探究讨论的主题。对于倡导现代化学说的学者，在"落后就要挨打"这一理论的基础上，学者们的研究都立足于民族国家发展的层面，将研究重点放在"乡土"这一方面，即整改乡村、发展中国。长久以来，中国乡村传统文化一直被认为是"落后的"、需要整改的。因此，推动乡村文化朝着现代化方向不断发展是极其有必要的。但是，在一定程度上，传统文化与现代文化互相对立，该看法在文化现代化的过程中逐渐加速了传统文化体系的瓦解，传统文化目前已濒临消亡。然而，在当前传统文化实际发展的过程中，传统与现代并不对立，而是统一的，二者之间相互促进。传统文化能够丰富现代文化体系的思想内涵，而现代文化则可以转变传统文化发展的相关模式，这两者可以实现对立统一，从而兼容并包，共同发展。一定意义上，我国上下五千年的中华文化的根是扎在乡村这片土地上的，正是因为乡村文化不断的沉淀和积累，我国传统文化才得以不断的发展和延续。

2. 经济与文化的关系

改革开放以后，国家为实现现代化，"以经济建设为中心"成为当时社会发展的主流思想和社会发展的核心思想。也正是这一核心思想的指导，我国经济发展取得了较好的成绩。在此过程中，农业为现代化建设提供了一定的生产保障，乡村文化则逐渐成为我国经济现代化的基础支撑。但是，由于只追求经济效益，因此忽略乡村发展的环境问题，例如，在边缘乡村地带大肆破坏环境，只为获得一定的经济收益。2000年后，国家加强对"三农"问题的重视，将乡村发展列入社会发展的体系中。这样既推进乡村地区文化体系的完善，也推动乡村文化发展模式的转变和升级，从而推进新农村建设。

3. 城与乡的关系

城乡关系既是现实问题也是历史现象，在经历了20世纪90年代的市场经济发展后，城乡差距越来越大，越来越多的乡村在城市化的进程中被迫消亡。据相关研究表明："十年间，中国自然村由363万个锐减至271万个，平均每天消失80个到100个，其中包含大量传统村落。"特别是1978—2012年，我国城镇化的比率提高至少三十个百分点，年增长速度为1.02%。"乡村的终结"将成为中国不得不关注和认真审视的现象。城镇化的发展，绝不意味着乡村的衰落或消失。2013年12月，中央城镇化工作会议上，习近平同志提出："推进以人为核心的新型城镇化，要推进农业转移人口市民化，促进有能力在城镇稳定就业和生活的农业转移人口举家进城落户，与城镇居民享有同等权利和义务。""提高城镇建设水平，体现尊重自然、顺应自然、天人合一的理念，让城市融入大自然，让居民望得见山、看得见水、记得住乡愁；保护和弘扬传统优秀文化，延续城市历史文脉，努力把城市建设成为人与人、人与自然和谐共处的美丽家园"等提议，相关工作必须坚持以人为本的原则，加快推进城乡一体化的进程，从而打造城乡协调发展的民生体系，实现乡村地区发展的质的飞跃。

4. 国家—市场—民间社会组织三者之间的关系

国家、市场及民间社会团体是乡村文化建设过程中的三方主体，只有实现三者之间的协作，才能够推进乡村文化建设工作的进一步发展。处理好这三者之间的关系，主要有以下几个方面。

（1）由政府主导。政府在一定意义上是文化发展过程中各方面的利益平衡者，既要保证乡村文化体系的构建和完善，还要保障相关企业的经济利益，从而保证二者之间均衡发展。

（2）整合市场资源。随着我国市场经济的发展进入新的阶段，市场也逐渐成为推动乡村文化发展的重要因素之一。乡村文化体系的构建在一定意义上是由政府引导，通过整合市场等发展资源，以保证乡村文化健康积极的发展。因此，在乡村文化发展的过程中，市场需要发挥自身配置资源的优势，推动与之相关的各种生产要素的流动，从而为大众提供符合其需求的文化产品。

（3）民间社会组织的参与和推动作用。在中国传统文化中，民间社会组织发挥着关键作用。近年来，乡村文化体系中民风民俗的发展已经具备一定的惯性，并且随着市场经济的不断发展，乡村性质的社会团体组织等开始恢复其发展模式。譬如，文化中心或者演艺队在乡村进行艺术表演，同时还承接一些红白喜事等活动。一定意义上，这些组织所提供的是乡村群众喜闻乐见的文化艺术表演，在内容上，表演贴近大众生活；在形式上，以逗趣的表演形式给大众带来欢乐。因此，针对该类型民间组织发展的实际情况，政府可以适当引导该组织进一步的发展，对相关表演者进行培训，成立相应的表演协会。这样既便于政府对相应组织进行管理，也保证该组织为大众所提供表演内容的质量。总而言之，政府在相关文化发展的过程中要最大限度地发挥自身的主导作用，开拓乡村文化市场，推进相关文化表演团体的发展，从而为乡村地区传统文化的发展提供强有力的体制保障，最终实现乡村文化繁荣发展的理想目标。

三、新时期乡村文化建设的主要内容

（一）正确认识新时期乡村文化的内涵

1. 新乡村文化是立足于传统基础上的现代文化

任何一个社会历经长久的发展，不断沉淀社会经验，就会形成特定的传统，文化即是一种传统。建设新乡村文化的过程是在承袭传统文化精华的基础上，顺应文化发展趋势，实现传统与现代相融合，具有继承性、连续性的特点。基于乡村文化传统，新乡村文化建设不仅要秉持"温良恭俭让"、重视礼仪、尊崇道德、追求和谐，还要传承天下为公、自强不息、勤劳勇敢、修身为本等鲜明的民族性格，与此同时，要融合科学、自由、平等、民主、法制等现代化进程中的文化精神。只有这样，乡村文化才能更具凝聚力，才能更好地展现其魅力。

2. 新乡村文化是多元文化冲突发展下的和谐文化

乡村社会受文化全球化、城乡一体化的快速发展的影响，不断开放交流领域。本土文化和外来文化、乡村文化和城市文化、主流文化和亚文化等多种文化互相碰撞、互相作用，形成复杂多变的乡村社会局面。继而，文化发展利用文化冲突的矛盾运动获得了更多发展契机和有利条件。由此，新乡村文化不断融合外来文化、城市文化、主流文化，摒弃本身固有的封闭、保守、僵化、固执的内容，扬长避短，取其精华，去其糟粕，逐渐修正、丰富和完善原有文化内容，并逐渐趋于和谐。

3. 新乡村文化是为新农村建设服务的先进文化

每一项伟大的事业能否取得成功，除了需要有形的物质支撑，还需要无形的精神文化的支持。中央针对社会主义新农村建设提出具体的目标和要求，即："生产发展、生活宽裕、乡村生态文明、村容整洁、管理民主"，对文化建设的要求也包含在其中。在生产建设中，农民通过文化建设可以增强自身文化涵养，提高产业发展水平，使产品更富含文化特色，全面推动农村生产力进步。富裕的生活不但改善人们的物质生活水平，满足物质需求，而且让人们的文化生活更加的丰富健康，满足文化需要。农村精神文明建设、文化建设的目标通过乡村生态文明得以充分体现，弘扬生态文化、关注生态环境、沿袭人居文化主要表现为整洁的村容村貌。民主的管理主要表现为农民民主意识的树立、民主文化和廉政文化的建立。在新农村建设过程中，强调传统文化，发展社会主义先进文化，发挥文化建设的引领和支撑作用至关重要。新农村的文化建设是新乡村建设的基础，旨在增强农民的文化素养，满足农民的物质文化需求，创造有利条件促进新农村经济发展，稳定政治及保持生态和谐。

（二）新时期乡村文化建设应注意的问题

国家体制性权利在农村改革过程中逐渐退出乡村社会。农村地方性文化分成两个发展方向：一是传统家族、宗族文化复归；二是市场社会化环境下乡村文化逐渐分散，发展状况差。因此，从国家—社会的角度出发，乡村文化建设在发展方向、路线上需要注意如下几方面。

1. 加强国家对乡村社会的文化领导力

进行社会和文化整合的前提是拥有相同的文化价值观和道德规范，共同维护社会秩序。目前，我国乡村社会结构呈分散、分层的状态，农民缺少社区认同感，公共文化发展缓慢，因而充分发挥国家对乡村社区的文化领导力尤为重要。扎根乡村社会，国家主流文化价值观在夯实发展基础的同时，开拓多种渠道，使主流文化价值观更加深入人心，从而引领乡村文化向更好的方向发展。

2. 实现国家主流文化的"乡土社会化"

农村地方文化网络好比人体的神经，起联系和传输作用，一方面它沟通了农民与外界的联系，另一方面它还是国家政权深入乡村社会的渠道。传统乡村社会，乡绅和以乡绅为纽带的社群关系构成了乡村的地方性文化网络，承接着国家意识形态"乡土社会化"的功能性角色。中国的现代化进程开启后，乡绅阶层被排挤出局，国家主流文化由上到下一以贯之的"脐带"被剪断，乡村的地方性文化网络涣散、中断。为此，新乡村文化建设应积极搭建农村地方性、内生型的文化网络，使国家主流文化、社会主义核心价值观"在乡""留乡"。

3. 尊重群众的现实文化需求

建立和夯实文化领导权的基础是民众自觉自愿的认可。新乡村文化建设必须依据群众的实际文化需要，建立外供和内生的发展模式。首先，切实了解农民在文化方面的实际需要，加强农村公共文化服务并给予正确引导；其次，挖掘并发挥农村内部文化力量，加强农民的主人翁意识，向农村公共文化注入活力，刷新农民对社区的认同感和集体主义感。

4. 正确看待乡村社会传统的、惯习性的文化形态

作为农村文化的亚文化，传统的、惯习性的乡村社会文化形态具有非常重要的整合与规范作用。例如，家户制是中国乡村社会的一种本源性传统，属于基础性制度。由家户制演变而来的家户主义，是中国历史长期延续的结果。农村家户传统虽然在土地革命和人民公社时期受新的掌权派系的冲击，但是并未改变农民的生活方式，随之而成的惯习性的价值观念仍在不断延续。因此，家户传统的存在及延续不能被简单地剔除。进行新乡村文化建设要正确看待乡村社会传统的、惯习性的文化形态，如宗族意识、家族观念等。在特定条件下，农村亚文化中传统的文化形态，在伦理道德方面能够起到整合和规范作用。

四、新时期加强乡村文化建设的实现途径

乡村文化建设作为社会主义新农村建设的重要内容，肩负着为社会主义新农村建设提供思想保证、精神动力和文化支撑的重要责任和使命。党中央、国务院高度重视乡村文化建设，近年来先后下发了《关于进一步加强乡

村文化建设的意见》《关于加强公共文化服务体系建设的若干意见》《国家"十三五"时期文化发展改革规划纲要》等重要文件,对新形势下乡村文化建设各项工作做出了部署。乡村文化建设在党中央和政府的大力支持下快速发展,农村公共文化服务水平也有很大的提高,不仅增强农民群众的道德文化和科学素养,而且推动农村经济和社会的发展。但是,乡村文化建设受内外环境及其他因素的影响,不能很好地契合农民的精神文化需要,面临着基础设施短缺滞后,公共文化服务体系不健全,文化活动贫乏单调,全民热爱文化、重视文化、群众参与文化活动的氛围不浓,落后的文化活动泛滥等现实困境,需要引起高度重视。乡村文化建设具有全局性、综合性、艰巨性的特点,发展乡村文化必须从发挥基层地方政府的主导作用,转变思想观念,夯实乡村文化基础、培育乡村文化建设主体和统筹城乡发展等方面入手,积极采取综合措施。

（一）切实转变思想观念,高度重视乡村文化建设

行动需要认知的指导。加强乡村文化建设必须走出认知误区,切实转变观念,建立正确的文化发展观念。

第一,摆脱"文化是抽象的观念形态"的认知误区。树立正确的认知观念,即社会进步需要文化力量的推动,并积极推进文化建设。

第二,摆脱"文化只有投入,没有产出"的认知误区。只有面向经济社会的各个领域加强文化渗透,才能为经济发展提供更持久、更有力的推动力。经济与文化是互相融合、互相推动的关系,不存在一方优于另一方,也不能为了实现一方忽略另一方。在社会主义市场经济持续进步的大环境下,文化不能脱离经济而单独存在,经济也不能离开文化而单独存在。新时期的文化建设需要作为经济社会发展的一个重要内容,并充分发挥其特有的功能,而不能只服务于经济建设中的外围。

第三,摆脱"文化是属于文化人"的认知误区。文化是人类社会发展的结晶,由人民集体创造,旨在为人民服务。文化融合物质属性和精神属性,具有引导、激励、整合等不可取代的重要功能。

（二）挖掘经济增长点,夯实乡村文化发展的基础

经济是政治、法律、哲学、宗教、文学、艺术等发展的基础,它们之间

互相影响，推进农村经济的发展是推进新乡村文化建设的物质前提。最近几年，国家不断加大对农村农业的投入，以夯实农业发展基础，增强农民生活保障。

首先，牢牢抓住并充分利用发展机遇，加快转变农业发展方式，提高农业效率，强化乡村精神面貌，加强农村产业化和现代化，提高农民经济生活质量，积极拉动乡村文化内在消费能力。

其次，牢牢抓住国家大力发展文化建设的优惠政策和有利条件，文化产业将会成为拉动农村经济发展的新的增长点。目前，我国乡村文化产业还处于初级阶段，辅助其发展的投资、经营、管理和创新的配套系统还未建成。然而，农村本土蕴含着丰富的乡村特色文化资源，为乡村文化产业的发展提供强大的资源动力。

因此，通过发展乡村特色文化产业，塑造乡村文化产品品牌，农村的文化资源可以更好地转化为经济优势。

（三）增强农民的文化自觉，突出乡村文化建设的主体

充分发挥文化创造者的主动性和创造性，是实现文化的认同和发展的前提。农民是乡村文化的创造主体，同时也是乡村文化发展的参与主体和受益者，忽略了新农民这个主体，再好的硬件条件，再美的优良环境，也会失去它们建设和存在的最终意义。

费孝通曾这样说过："生活在一定文化中的人对其文化有自知之明，明白它的来历、形成过程、所具有的特色和它发展的趋向，自知之明是为了加强文化转型的自主能力。"因此，首先，要提高农民的文化自觉性，加强自身文化的认同感，促使他们探求建立新型的文化价值观，培育和创新乡村文化。其次，要加强农村基础教育，加大对农民的社会教育和职业教育力度来提升农民的知识底蕴，不断促进农民现代性的成长，实现由外在的"文化要我"到内在的"我要文化"的自觉转变。最后，要壮大乡村文化队伍。要多关心、多扶持农村文艺骨干和民间艺人，切实帮助他们解决实际困难及各种问题，利用录音、录像等技术留下民间艺术传人有重要价值的实物资料，保存技艺，并培养传承人。

(四)加大资金投入力度,夯实乡村文化基础设施

乡村文化建设面临的最大问题是资金短缺,无论是公共文化设施还是开展文化活动,都需要大量的经费。开拓多种资金来源,是乡村文化建设的重要基础。

第一,增加政府财政投入。政府作为文化建设投入的主体,需按照中央相关指示精神,针对文化事业设立专项资金,并把财政收入金额的1%以上投入乡村文化建设。县级财政投入资金的增幅要高于上年度地方财政收入的增幅。

第二,大力鼓励民间资金注入。对于乡村里的种植大户、外出务工人员创立的公司及一些发家致富的农民,政府应大力开展乡村文化宣传工作,鼓励并引导他们为乡村文化建设积极投资。

第三,倡导农民自己筹备资金进行文化活动。某些富裕的乡村,农民在物质生活水平提高的同时,对文化生活的需求日益增多。他们自己出资组织文化活动,对此,政府应提供相应的帮助,并给予奖励。

(五)统筹城乡发展,加速乡村文化繁荣

加强乡村文化建设,必须走出"重城轻乡"的观念误区。县域文化建设将乡村文化建设作为重要内容,进行整体规划。在管理体制、经费投入、市场开拓、人才培养等方面加大城乡融合,加快实现城乡文化一体化发展。

第一,加快城乡文化管理一体化。实现城乡文化一体化的重要前提是建立完善的组织管理机构。实现乡文化组织管理的一体化,实现县、乡、村三级文化机构工作协调统一、高效运作,避免"政出多门,多头管理",努力提高工作效率。

第二,加快城乡公共文化设施建设一体化。群众开展文化活动的基础是具备公共文化设施。落实城乡文化一体化,则需要统筹城乡文化工作,积极推动乡镇和村的公共文化设施建设,努力推进城乡文化一体化的实现。

第三,加快城乡公共文化服务一体化。积极开展如体育竞赛、文艺汇演、文艺巡演、剧院展演、广场表演等影响力大的文化活动;积极促进农村广播电视"户户通"工程建设,落实文化信息共享工程建设;坚持开展送戏下乡、送电影下乡、送书下乡等文化下乡活动。政府特设文化事业专项经费,用

于文艺团体和电影公司等文化经营单位购买公共文化服务项目。公共文化服务实行"群众消费，政府买单"的消费模式，向农民提供文化消费。

（六）重视保护农村优秀传统文化，巩固乡村文化发展的根基

随着城市化、工业化、现代化进程的不断推进，我国传统的乡村文化局面不容乐观，甚至出现衰落的危机。乡村文化建设不能脱离传统文化，否则便是头足倒置。乡村文化建设应以传统文化为主体，理清农村自身文化的价值，加大对传统文化资源的利用，并传承下去。文化保护的最终目的是文化发展创新，而不是固步自封、安于现状。因此，在挖掘传统文化内涵并创新的基础上，乡村文化和现代文明相互融合，用现代文明的优势弥补传统文化的劣势，现代文明的发展以传统文化为基础，实现多元文化和农村本土文化的真正融合，推进乡村文化的历史进步和现代化发展。

（七）发挥政府主导作用，加强乡村文化建设的政治保证

伴随着乡村社会经济成分、组织形式、利益关系、分配方式的不断多样化，农民的社会意识及对文化价值的选择也出现多样化、多元化的新局面。政府作为乡村文化建设的领导者、组织者和指挥者，不但要提供统一的文化转型模式和标准的文化生活样板，以支持广大农村地区的文化建设工作，而且要占主导地位，以保证乡村文化的发展方向和社会主义先进文化取向相统一。

第一，乡村文化建设以社会主义核心价值观为中心。乡村文化建设以社会主义核心价值观为导向，确定正确的发展方向。为了使社会主义核心价值观更好地融入农民的现实生活，政府需要选用受农民喜爱的文化表现方式和语言表达方式，向农民传递适合乡村社会发展的价值理念和精神目标，将新的时代内涵和时代主题赋予乡村文化建设。

第二，加大农民的政治参与度，提高农民对中国特色社会主义政治文化的认同感。中国特色社会主义政治文化内涵包括党的领导、人民当家作主和依法治国。乡村文化建设以中国特色社会主义政治文化内涵为指导，便有了正确的理念支撑和价值目标。加强乡村文化建设旨在使农民深刻理解民主与法治、公平与正义、权利与义务、自由与规则等意识，并能够积极主动、合法有序地参与到中国特色社会主义建设中，自觉维护和正确行使自身的政治权利。

第四章 地方高校服务精准扶贫实践探索

第一节 农业高校服务精准扶贫理论分析

一、农业高校精准扶贫模式的内涵

对于"农业高效精准扶贫模式",可以从以下两个角度进行阐释:农业高校和精准扶贫模式,两个部分共同构成"农业高校精准扶贫模式"的内涵。

(一)农业高校定位

本书中所提到的农业高校,其概念涉及两个方面:其一为教育部直属、共建的农业类专门高校;其二是地方所属的农业本科高校。相对于地方所属的农业本科高校来说,教育部直属或共建的农业高校在综合实力、教学特色、科学研究等方面都具有明显的优势,这些农业高校是中央直属高校的一部分,具有重要的示范作用。地方所属的农业高校虽然是省属高校,综合实力稍有差距,但是这类高校为地方农业的发展贡献了巨大力量,培养了优秀的后备人才,是我国高等教育体系中不可或缺的一部分。本书中所提到的"农业高校",包括以上两类农业高校,这些学校都是具有农业相关学科特色的高等学府,其优势学科通常包括生物学与生物化学、分子生物学与遗传学、农业科学、环境科学等,这些学校的办学经费都来源于政府财政资金,学校均以服务农业经济社会发展为己任,以培养优秀的"三农"人才为目标,从而达到提升我国农业生产技术水平的目的。

（二）精准扶贫模式的选择与应用

根据扶贫资源的组合形式，精准扶贫模式可以分为教育扶贫模式、科技扶贫模式、产业扶贫模式、文化扶贫模式、旅游扶贫模式、电商扶贫模式等，这一划分的依据是贫困地区及其人口特点。不同高校在选择模式时会考虑到自身的办学特点及优势，采取适合自己的模式来开展扶贫工作。发展农业，是使贫困农村脱贫的根本之道，因此农业高校在扶贫工作中最重要的就是发挥自身的农业技术优势，协调其他扶贫模式，对贫困农村进行产业扶贫，这也是扶贫工作的核心所在。选择适合本校的扶贫模式，不代表就要完全忽略其他模式，这些模式之间可以交叉使用。举例来说，在农业产业链中，产业链上游可结合乡村自然特征开发旅游，即运用旅游扶贫模式；产业链中游可采取科技扶贫模式，为农民带来先进的种植和养殖技术，并聘请专业人员提供技术指导，提高农产品的产量；产业链下游可结合文化扶贫模式，为农产品提供优质的包装与特色宣传，在销售方面下功夫，通过电商扶贫和消费扶贫的方式销往全国各地。①

（三）小结

从以上两点可以看出，农业高校精准扶贫模式是对精准扶贫工作理论的概括，其研究对象是特定主体针对特定对象进行的扶贫实践工作，具有代表性、稳定性、持续性等特点。目前，农业高校的精准扶贫实践工作在不断的探索和理论研究中已经表现出一定的系统性，各高校在扶贫工作中注重实践后的总结，逐渐形成一套可以复制及推广的工作体系。结合理论高度与实践经验来看，摸索出精准扶贫工作的最佳模式，对于深入分析、认识精准扶贫工作有极大帮助，同时，也有利于我国的减贫工作和贫困乡村的脱贫工作走上最正确的道路。

二、相关理论的阐释

（一）三螺旋理论的阐释

高校、政府和产业是分别独立的三个主体，同时，三方之间又具有互相

---

① 李梦莹.乡村振兴战略背景下基层农业技术推广人才培养问题研究[D].福州：福建农林大学，2019.

作用、互相配合的关系，这就是三螺旋理论的意义。三螺旋理论的核心内容，是阐述高校、政府和产业三者密不可分的特点，其强调三者中任何一个在以独立主体存在的前提下又都含有另外两者的部分特点。因此，通过三方之间的密切合作，每一个单独的螺旋都会发挥出更大的作用。三螺旋理论的中心论点，是作为三螺旋的三个基本载体，高校、政府和产业能够互相作用并碰撞出创新的火花，在知识经济型社会中发挥出应有的能力。高校代表着先进的知识与技术，产业是将知识与技术转化成产品的地方，而政府则扮演着纽带的角色，在高校和产业间架起合作的桥梁，稳定整体关系。具体来说，一所具有高水平科研工作的高校能够以研究功能和研究能力为基础成立企业，体现出高校的产业功能。而一个企业为了长远发展，往往会对员工进行业务培训，从而提升员工的综合素质，促进企业更好发展，是能体现出类似于大学教育教学实践工作的地方。

三螺旋最主要的功能，是它们之间可以相互组织，整合成为创新型的组织形式。比如，高校、政府和产业是三个初级机构，在它们之间进行混合组织，融入彼此范畴内的概念，就形成了新组织，可以称之为"二级机构"，如孵化器、科技园、高新技术开发区等。这些混合后诞生的组织形式仍然具备三螺旋的核心要素。三螺旋在创新方面的贡献是巨大的，它推动了大学社会服务职能的扩展，为高校的发展提供了全新舞台。

农业高校精准扶贫模式也包括三个独立的主体，即服务的提供者、接受者和管理者。具体来说，高校具备先进的知识和技术，是服务的提供者；农户或者企业接受先进知识和技术的指导，是服务的接受者；政府不仅起到纽带的作用，还要协调多方发展，是服务的管理者。可见，三个独立的主体之间也存在着密切的关系，农业高校精准扶贫模式的发展与完善，正是基于三者之间的关系，只有相互交流与合作，高校的精准扶贫模式才能良好运行。

（二）协同治理理论的阐释

协同治理理论具有协同和治理两层含义，协同是指自然科学中的协同学，治理是指社会科学中的治理理论，二者结合就形成了协同治理理论的概念。这一理论强调公共事务要公共管理，也就是说政府、社会组织、社区、企业、个人等都要参与到公共事务的管理中，从而实现国家与社会之间的沟通互动，达到协同治理的目的。协同治理理论具有以下三个特点。

1. 治理主体多元化

所有的利益相关方都是治理的主体，其中不仅包括政府，还有社会组织、企业、社区和个人等，多元化的主体是协同治理的基本要素。其中，政府在协同治理中处于核心地位，既要做出决策，又要承担责任。其他主体则根据自身不同的优势，在不同的公共事务中发挥作用。

2. 子系统间的协调性

要充分认清协调合作的重要性。每一个主体的优势和具有的资源不同，这是一种必然现象。此种情况下，就要积极与其他组织或个人开展交流合作，加强协商与资源往来，通过交换、合作等方式，在合理的条件下达成"1+1>2"的最终目的。

3. 合作方式协同化

在治理主体展开合作的过程中，不仅要求主体之间要互换资源，积极合作，还要求各个主体要在不同的环节中将自身的优势发挥到最好，从具体到整体，全面优化公共治理工作。既强调个体发挥，又注重组织合作，这就是协同治理理论所提出的要求。这一要求从政府决策层面提升了政府决策的科学合理性，从执行层面提升了各主体对于政府决策的执行力度与执行效果，同时，为完善协同治理理论提供了丰富的实践基础。

高校精准扶贫工作正是协同治理理论的真实体现。农业高校精准扶贫模式需要高校、政府各部门、企业、合作社、农户等共同参与，他们是精准扶贫协同治理各环节的主体，他们共同完成协同治理的全过程。在大扶贫格局之下，高校精准扶贫是十分重要的一部分，它是政府治理贫困问题的新举措，将工作延伸至政府力量不足的地方，充分体现出国家在公共治理方面更加完善。

（三）习近平精准扶贫思想

我国历史悠久，每个时期都有特定的历史和政治特征。因此，我国的精准扶贫工作，应当在特定的时代背景和政治背景下开展。从2012年党的十八大召开以来，习近平同志就提出，扶贫开发工作是国家发展的首位。因此，许许多多围绕着扶贫工作出现的新观点不断涌现，形成一次新的思潮。习近平同志的扶贫精准思想是极具完整性的体系，拥有丰富的内涵和深刻的意义，这一思想指导着扶贫开发工作的开展，为实践操作提供了科学指南，为夺取全面建成小康社会的胜利奠定了理论基础。

研究精准扶贫问题，首先要细致学习、深入理解习近平同志的精准扶贫思想。习近平同志作为我党的最高领导人，率先倡导开展精准扶贫工作，可谓集大成者。首先，习近平同志精准扶贫思想的形成，是以中国特色社会主义理论为背景的，这一思想产生的理论基础和现实基础是实现"共同富裕"。共同富裕是指先富起来的带动后富起来的，最终达到人人富裕的阶段，是中国特色社会主义的本质要求，是全面建成小康社会的根本要求。其次，对于习近平同志精准扶贫思想的把握，除了从工作方式层面进行理解外，还要将这一思想上升到原则性高度来看，要将贫困治理工作放到整个扶贫机制和政策体系中去。习近平同志的扶贫思想包括科学设计精准扶贫的工作环节和形成完整的精准扶贫政策体系两个方面，具有深刻的内涵，其对精准扶贫工作提出的"真、准、精"三字定位十分精确，具体来说就是，"真"是扶贫工作的前提，"准"是其核心，而"精"则是关键。

可以从六个维度对习近平同志的精准扶贫思想内容进行阐释：①首先，也是最重要的，在扶贫、脱贫工作中，必须坚持党的领导；②严格、具体实施精准扶贫、脱贫工作的基本方略；③从宏观角度看待扶贫工作，构建大扶贫格局；④激发贫困群众的动力，使之积极面对脱贫工作；⑤对于相关工作人员采取考核措施，制定严格的考核制度；⑥共建人类命运共同体。以上六个维度相辅相成，共同构成习近平同志的精准扶贫思想内容。这一思想是中国扶贫开发理论的最新发展，是习近平新时代中国特色社会主义思想的重要组成部分，也是马克思主义反贫困理论中国化的最新成果。具体到农业高校精准扶贫研究来看，这一思想对研究的选题到实践操作，再到总结，都起到指引性作用，也是研究过程中重要的理论依据。

三、地方高校服务乡村振兴的可行性

（一）精准扶贫是决胜全面建成小康社会的时代需求

我国从20世纪90年代就开始推行一系列政策，其中包括《国家八七扶贫攻坚计划》（1994—2000年），《中国农村扶贫开发纲要（2001—2010年）》《中共中央　国务院关于打赢脱贫攻坚战三年行动的指导意见》等。2012年到2018年六年间，我国不断加大扶贫资金的投入，从2012年的332亿增长到2018年的1060亿；同时，对"三农"推出普惠政策，对贫困人员实行优惠照顾，形成具有中国特色的扶贫模式。从具体数字来看，2012年到2018年六年间，我国脱贫人数超过1000万，但同时也应看到，截至2018年，我国贫困人口尚有1660万人之多，且这部分贫困人口所在地区和生活条件决定了脱贫工作具有极高的难度。可以说，扶贫与脱贫工作任重而道远，因为解决贫困人口的生活问题，帮助贫困地区发展经济，是我国小康社会和社会主义现代化强国水平的重要标志。

2017年，党的十九大召开，会议对精准扶贫工作进行新的部署。十九大报告中提到："坚持精准扶贫、精准脱贫的扶贫开发方略，保证到2020年我国现行标准下农村贫困人口和贫困县全部脱贫摘帽，解决区域性整体贫困，确保脱贫结果和效果真实。让贫困人口和贫困地区同全国各族人民一同步入全面小康社会。"可以说，十九大报告将扶贫工作放到新的高度上，报告要求扶贫工作要从全局角度和战略高度出发，必须坚持农业农村优先发展的方针，加快城乡一体化和全面建成小康社会的速度。

（二）乡村振兴是高校服务社会职能的重要体现

精准扶贫工作是整个社会共同的责任，其涉及社会多个领域，不能仅仅依靠政府来完成。首先，精准扶贫工作中的各个领域、主体和各种资源之间具有复杂的关系；其次，全社会都肩负着精准扶贫工作的使命，要汇聚多方力量，将多种举措有机结合，共同构建大扶贫格局；最后，扶贫工作涉及的利益方方面面，能够推动成百上千个地区加快经济发展，能够惠及千万贫困群众。由此可以看出，社会各方力量，应该积极响应政府号召，投身到扶贫工作中来，其中也包括高校。作为整个社会的有机组成部分，高校有着相应的社会责任与社会使命，服务社会是其基本职能之一。早在20世纪80年代，就有高校参与到扶贫工作中，但当时的规模较小，成果也不显著。随着时间的推移，高校的参与越来越深入，涉及的领域越来越多；同时，国家也在不断推出扶贫与脱贫相关的政策文件，高校渐渐进入规模化、模式化的扶贫工作阶段。

高校作为拥有先进知识和技术的学府，具有与众不同的定位与优势，使其能够在乡村振兴工作中发挥巨大的作用。因此，2018年，教育部出台了《高等学校乡村振兴科技创新行动计划（2018—2022年）》，文件中对高校提出促进农业科技成新、助力乡村振兴的要求。目前，"三农"工作中，高校主要参与的是精准扶贫和乡村振兴工作，可以说，其是高校服务职能的深刻体现。尤其对于地方高校而言，其本身具有在地性的特点和优势，因此积极参与乡村振兴，主动为区域社会发展做贡献，是其履行社会服务职能的重要途径。

第二节　地方高校服务精准扶贫模式分析

一、农业高校精准扶贫典型模式

为了检验农业高校整体的精准扶贫开展情况和项目脱贫成效，深入挖掘典型扶贫模式，总结成功经验，教育部已经带头举办多次关于高校精准扶贫脱贫典型项目的评选活动，如2016年起举办的部属高校评选和2018年起举办的省属高校评选。从所有参赛农业高校中选出3所部属和6所省属高校最具代表性的扶贫脱贫模式，并对3所部属和1所省属高校（中国农大、南农大、华农、河北农大）模式进行具体分析，对其余5所省属高校的模式进行列表分析对比（表4-1）。分析结果表明，这些农业高校的精准扶贫模式中都涉及产业扶贫，而事实也证明这种扶贫方式能从根本上扭转贫困地区的经济模式，从而获得长期、稳定的发展，最终脱贫致富。各农业高校有着得天独厚的科学技术优势和庞大的农技人才队伍、成熟的培训教育体系、发达的信息传播网络等支持，可以根据自身的学科特长，在全面考察被帮扶地区地理、环境、人文等实际情况的基础上，制订科学合理的扶贫方案，发掘当地特色优势产业，将科学技术成果有机融合进去，带动产业发展，在提高当地科技水平的同时，实现脱贫致富。这些农业高校在实践中形成的精准扶贫模式贴合被帮扶地区的发展实际，更具科学性和可操作性，能够取得长远的发展，可有效帮助贫困地区提升效益，提高收入，脱离贫困。

表4-1　农业高校精准扶贫典型模式

扶贫高校	主要模式	主要做法
湖南农业大学	发挥农业院校优势打破传统发展瓶颈	进行调研和产业诊断，启动基于整合茶叶和电子商务两大产业协同创新的"互联网＋品牌"产业扶贫计划，通过规划引领和模式创新推动产业发展；积极整合资源，协调各方力量，推进项目实施
吉林农业大学	"支部＋项目＋专家＋合作组织＋农户"精准扶贫模式	针对帮扶地生产发展的状况，为贫困村引进种养殖新品种、新技术、新项目，设立科技扶贫基地，进行关键技术推广示范；成立科技扶贫专家服务团，大力开展帮扶村农民培训
云南农业大学	厚植科技资源助力产业扶贫	利用广袤森林资源发展林下经济，形成林下生态有机绿色食品（药品）产业；利用热区环境发展冬季特色农业形成生态绿色食品产业；转化科研积累成果；开展职业教育和科技扶贫培训
四川农业大学	创新农技推广"雅安模式"	搭建"总站—服务中心—服务站"三级科技服务平台，形成新型的农业科技服务体系；组织专家团队按需求提供产前、产中、产后系列化服务，带动贫困地区找准适合当地发展的特色支柱产业
甘肃农业大学	立足贫困地区资源实施中药材产业扶贫	设立了中药材专家院，对甘肃主产大宗药材和特色药材进行了系统研究，实施中药材规范化栽培技术集成与示范项目，开展中药材机械化栽培技术示范推广等

注：表中资料来源于中华人民共和国教育部网站。

（一）中国农业大学"科技小院"模式

"科技小院"是中国农大创立的精准扶贫模式，是扎根生产一线的综合服务体系，包括农业科研、技术创新、农技推广、社会服务、人才培养等。"科技小院"自2009年创建以来不断发展壮大，现已遍布全国二十一个省市，设立服务点八十一个。借助"科技小院"平台，中国农大将农业科研机构、政府单位和交易市场的资源和优势有机结合、充分利用起来，不断研究和探寻新的发展模式，即如何提高农业生产生活的科技含量和水平，如何帮助地方实现大面积的农业增产增效。"科技小院"的具体扶贫措施包括：①农技推广。学校与帮扶地区深入沟通，根据其实际需求成立专家服务团队，对地方引进的一些新农作物品种如何种植、新生产技术如何操作等进行示范指导，并推广给农民使用。②新技术示范。学校根据扶贫点的地理特性，引进推广肉牛养殖、中草药种植、反季节蔬菜种植等新的农业技术，帮助其扩大农业规模，提升市场竞争力。③共建科技小院。学校派遣农业类研究生团队长期在扶贫地区驻守，仔细记录当地农作物生产销售全部过程，并根据这一过程中发现的问题，随时随地给予针对性培训，内容包括科学技术的应用、一些好的农耕技巧等。④水土检测。学校会联系第三方检测机构对扶贫地区的土质、水质、环境等客观条件进行详细的检测和分析，寻求最适合当地地理环境的农作物，从而实现土地增产增收。⑤人才培训。根据当地需要为各类人群提供有关农业知识和操作技能方面的实地指导和互联网培训。这种充分展现科技优势、打造产业特色、开展实践科研、培养基层人才等多措并举的扶贫模式，能有力促进地方持续、稳定发展，帮助地方加快脱贫步伐。

（二）南京农业大学"科技大篷车"模式

"科技大篷车"是南农大30年前建立的精准扶贫模式，主要是鼓励和动员全体师生组成不同形式的临时专家指导小组，下乡推广、指导农业科技，提供农业知识科普、咨询等服务，帮助农村挖掘和发展支柱产业，引导农民增产增收，获得丰厚效益。"科技大篷车"成立至今，走过全国大大小小二十多个省，一百多个市和县，一千多个村，行程过百万公里。这一扶贫模式以农技推广为核心，主要通过以下措施开展工作。

①产业规划。深入考察和分析区域基本详情和产业结构，科学合理规划，帮助当地围绕主导产业建立现代化农业产业园，打造一批特色鲜明、科技先进、绿色循环、效益显著的高质量、现代化产业示范基地，成为贫困山区脱贫致富的成功样板和标杆。

②科技服务。以扶贫脱贫为目标，根据当地实际建立专家工作站，在农

技推广方面尝试推行"两地一站一体"的链式联盟型服务新模式。同时，借助互联网等现代化信息推广渠道，线上线下有机结合、同步进行，促进农技推广事业蓬勃发展。

③产业优化。依托学校丰厚的科研和人才优势，结合当地地理特征和发展现状，开展农作物种植、农产品加工及农村服务业方面的技术研究和探索，不断优化和拓展产业链条，壮大特色产业，发展乡村旅游，增加市场竞争力。

④现场指导。由学校师生为主体成立的专家指导小组，依托专家工作站，深入农村，亲临农业生产现场给予农业技术应用、农耕技巧等方面的指导和培训。

⑤咨询交流。为当地政府部门和相关技术人员等提供咨询指导，给予科学可行的意见和建议，尤其是对农村发展起重要作用的农村金融发展问题及乡村环境、空间治理等方面。学校已帮助多个贫困地区建立较为完善、良性发展的特色产业，如智慧农业、乡村旅游、菊花谷等，并取得显著的扶贫成效。

（三）河北农业大学"太行山道路"模式

"太行山道路"由河北农大提出实行，是最早的农业高校精准扶贫典型项目，该模式将教育、科技和经济三大社会发展的主体紧密联系起来，共同促进乡村建设。将科研与农业生产有机结合，注重把能促进农业增产增收的科技成果在实践中大力推广应用。将专家资源与农民有机结合，大力推行专家人才深入一线进行现场指导服务。具体扶贫举措有：

①荒山开发。创造性地吸取各方面关于山区开发的技术和土地治理经验，结合农业科研技术，形成可操作性与可复制性强、能尽快帮助农民脱贫致富的模块式荒山开发模式，并以此模式为依托，打造一批现代化、高质量的绿色、循环型农业产业园。

②示范基地。学校每年都会将上百条科研成果投入实践，以此为依托建立一大批相关农业示范基地和试验站，将新的农业科技与当地的资源优势紧密结合，形成较为完整的涵盖"五个一"的精准扶贫体系，包括：制订切实可行的扶贫方案，推广一批能真正帮助农民脱贫致富的农业项目，建立一批充分运用现代高新技术实现农业增产增收的典型示范村（户），建设一批质量高、运

转好的现代化农业产业园，挖掘一批展现地方独特优势的农业相关主导产业。通过以上举措，有效推进科技扶贫进程。

③人才支持。学校鼓励和动员全体师生组成专业人才团队，分批分次深入贫困地区，现场进行农业技术推广、指导服务，帮助当地群众解决生产、生活方面的各种技术难题。如专家教授团下乡、博士硕士团假期下乡、大学生社会实践等。

④产业扶持。学校注重结合地方资源优势，打造特色主导产业。帮助地方创建著名的"绿岭"品牌，并围绕这一品牌实现农作物种植、农产品深加工等完整的农业产业链条。学校每年推广实践的科技项目和成果突破二百项，帮助地方创收上百亿元，对地方发展做出了不可磨灭的贡献。

二、农业高校精准扶贫一般模式的构建

（一）农业高校精准扶贫的一般模式

农业高校精准扶贫多元主体参与互动模式中，主要有以下三种作用机制。

1. 外层主体作用机制

在农业高校精准扶贫工作开展过程中，外层主体起着最基础、最主要的组织、参与、支持、帮扶等作用，共同形成该扶贫模式的基础框架。这些外层主体主要包括：农业高校本身、当地政府部门、各类优秀企业和金融机构。政府部门为主导，可以有效整合和监管地方各类资源，充分调动各方参与进来；企业是整个产业的执行者，包括种植、加工、运输、销售等整个产业链中的所有企业；高校主要提供技术支持，是整个产业良性发展的前提和动力；金融机构提供资金扶持，是项目启动开展的基础。四方主体根据需要灵活合作、有机协调、共同发力才能充分发挥外层主体机制的作用，从而保证扶贫脱贫工作有序开展，持续发展。

2. 内层中介传导机制

内层中介传导机制由8个扶贫要素组成，起到重要的衔接外层主体与核心对象的作用。8个扶贫要素对精准扶贫起着至关重要的作用：①确立产业项

目，高校采取的一系列农技推广、人才服务等扶贫措施都需要依托产业项目来落地实现；②生产组织方式，一般包括规模化经营大户、合作社、农业公司等，这种规模化的发展方式能有效节省人力物力，提高效率，促进农业产业化发展；③示范基地及试验站，就是将先进的农业科学技术集成落地实践；④信贷资金是农业产业建设筹集资金的方式之一；⑤农业保险能帮助规避产业发展过程中可能遇到的经济、质量、安全、天灾等方面风险；⑥畜牧、林业、水利等相关部门的参与能有效集中各类资源，确保扶贫工作顺利、快速开展；⑦地方党建组织起着统筹调控，协调领导的作用，让各个要素之间达到及时有效的互通互动。

3. 核心对象受益机制

核心对象就是每个需要扶持的贫困农户，是乡村振兴战略实施的主体。所有外层主体和内层中介要素有效衔接，相互作用，形成政府、企业、高校、示范基地、金融机构、合作社、农户等灵活组合、协调发展的各种扶贫模式，都是紧紧围绕帮助贫困农户增加收益这一核心目的来展开。同时，扶贫工作的开展需要农户提供劳动力支持，这一过程不但会给自己带来收益，还能有效提高劳动素质和水平。所有要素和主体通过产业扶贫项目的积极参与和互动，能有效解决很多农业发展困境，增加资金来源、提高农业规模化发展水平、拓展新型经营主体、提升管理技术等，从而帮助地方经济持续、稳定地发展。

（二）一般模式的构成要素和基本内涵

农业高校精准扶贫模式的基本主体为政府、高校、企业和农户，其中政府处于主导地位，农户处于主体地位，主力军是企业与高校，这些主体之间保持着谐调共存的关系，共同发挥作用。精准扶贫模式的核心是产业扶贫，精准扶贫模式的基本要素包括科技推广、文化扶贫、电商扶贫、信息扶贫、专项投资、教育扶贫等，其中，科技推广和专项投资是精准扶贫模式的支撑要素，产业扶贫是主体要素，"两翼"是教育扶贫和文化扶贫，同时由电商扶贫和信息扶贫作为补充。各要素之间互相关联、互相作用，形成完整的农业高效精准扶贫模式。

农业高校精准扶贫一般模式的基本内涵可以从以下五个方面进行阐述。

①包含一定的价值目标。包括：对于贫困地区，帮助其提升农业发展的自我能力，从而提升该地区农业产业的质量和效益；帮助贫困地区的农民提升综合素质，提高农民生产发展的内在动力，从而实现脱贫；对乡村环境予以改善，使其更加宜居。

②因地制宜，因势利导，打造特色产业。针对不同地区独特的地理和社会环境，综合应用各种生产技术，发展符合当地的特色农业产业。以云南农业大学为例，云南农业大学位于昆明，全年气候温暖，周边有广大高原地区，还有丰富的劳动力资源，因此大学充分利用自身的生态优势，注重土地利用和产出率，发展具有当地特色的高原绿色食品体系。

③技术与产业链相结合。在技术研发中，既要重视当下的产业需求，又要兼顾未来的研发方向，将二者有机结合，可实现技术链与产业链的深度融合。例如，华中农业大学在对猕猴桃品种进行开发时，没有仅仅停留在种植技术上，而是拓展出猕猴桃汁、猕猴桃果酒等产品，延长猕猴桃种植产业链，实现技术产业化创新。

④多主体共同参与。将政府、企业、高校和农户等主体进行整合，使其共同参与到精准扶贫模式中，共建"命运共同体"，共享脱贫成果。吉林农业大学在这方面做得比较好，他们以"支部+项目+专家+合作组织+农户"的形式开展精准扶贫工作，取得了较好的效果。

⑤各要素关联配套。农业高校精准扶贫模式包含的要素有很多，这一模式实质上是各扶贫主体和多要素共同作用的结果。配套的要素包括：政府方面的资金、资源投入，农业高校科学技术向成果的转化，企业的发展，贫困地区人口的脱贫意愿和内在动力，自然与社会环境，基础设施建设等。这些要素在一定时间和空间内聚集、配套，并且不断完善，才能形成完整的农业高校精准扶贫模式。

（三）一般模式的主要特点

1. 扶贫内涵的产业属性

农业高校精准扶贫模式要以产业扶贫为核心，因为产业在乡村贫困治理中的作用是决定性的，是反贫困的核心要素。目前，很多贫困乡村不能走出一条属于自己的经济发展之路，往往因为缺少农业科技的支撑。想要开展精准扶贫模式，高校应为贫困乡村提供先进的科学技术，但因为贫困地区具有自然环境、经济发展和人文社会等方面的差异，而农业技术又具有很强的地域性，因此高校向贫困地区推广科技，应坚持选用具有适用、先进、实用、成熟、经济等特性的技术。高校将成熟的科技成果向贫困地区推广，具有以下优点：①可以根据乡村实际情况，选取覆盖面比较广的产业；②汇集一切可利用的资源，如人才、科技、龙头企业等，通过项目调动扶贫主体的积极性，使之更有动力；③拉动整个产业发展，帮助地区突破旧有的生产方式，突破发展瓶颈；④吸纳贫困人口进入产业链，通过产业发展使这一部分人口实现就业、增收，成功脱贫。

2. 扶贫措施的整体协调性

农业高校精准扶贫模式以产业扶贫为核心，多方面力量相互联系、交叉作用，形成环状关系，各要素之间统筹协调，共同形成这一模式，可以说，整体协调是农业高校精准扶贫模式的内在要求，具体表现在：①想要减少贫困人口、增加贫困人口收入，产业扶贫是十分重要的举措，但是产业扶贫也需要一定的基础，需要借助农业科技推广示范、项目平台和投资等来完成；②文化扶贫和信息扶贫可以为贫困地区提供人才资源上的帮助，例如培训、咨询等，还可以帮助农民转变思想，提升其综合素质，营造乡村文化，为贫困地区脱贫工作提供动力、信心及必要的文化基础；③教育扶贫可以从本质上改变贫困人口的文化素质，从而在未来一定时间内提升整个地区的人口素质；④电商扶贫是一个新颖的要素，其主要特点是综合，可以将贫困地区的产业发展、人才教育、素质建设等进行有机综合，使其关联在一起。从以上几点来看，可以多项举措和多种资源进行协调整合、综合分配，有效地解决扶贫工作中力量分散、力度不均等问题，从而加快扶贫工作进展速度，改善贫困地区的整体环境。

3. 扶贫运行的政、产、学联动性

在当前农业高校精准扶贫模式中，政府充当主力角色，高校是重要的组成部分，产业是核心力量。政府、高校、产业，是精准扶贫模式的关键所在。在扶贫工作实践中，三个主体必须相互配合、共同发力，将政府的保障职能、高校先进的科学技术与产业的核心功能融合在一起，形成一股强大的合力，从根本上起到改变农民思想的作用，从而实现精准脱贫这一目标，提高农民收入。比如，华中农业大学，在扶贫实践工作中，学校从当地的自然与社会条件出发，注重与政府的合作，发展适合当地的农业产业，并且派遣技术人员前往，在当地设立实习基地，通过各种方法促进产业做大，实现政府、高校与产业间的深度融合与密切合作，共同帮助贫困地区实现脱贫目标。

（四）一般模式构建的基本原则

1. 以主体交互为基础

农业高校精准扶贫模式包括基本主体和相关主体，基本主体为政府、高校、企业、农户，相关主体为社会机构等。在四个基本主体中，政府占主导地位，起到整合、分配资源，推进扶贫工作进程的作用。高校为扶贫工作提供相应的技术，组织具体项目的实施与开展。企业特别是龙头企业属于经营者。贫困地区的农户是精准扶贫模式的主要参与者，同时，也是受益的核心群体。以上各个主体之间存在着一定的交互关系，主要体现在：①高校和地方之间的交互关系。在扶贫工作中，高校和地方要相互配合，互相支持，充分发挥高校和地方各自的优势与作用，共同推进扶贫工作进程，面对工作中的重难点和存在的问题，及时发现，共同解决，保证工作健康有序地开展。②高校内部各部门的交互关系。精准扶贫工作需要农业高校内部各学院及部门之间进行配合，将干部和科学技术人才投入到地方扶贫工作中去。此外，高校企业、社团与人才之间同样需要交互配合，这些主体之间的交流、互动、合作关系，是保障农业高校精准扶贫模式的基础。

2. 以资源互融为关键

农业高校精准扶贫模式的构建需要重点考虑资源问题，要使资源优势最大化，就要实现扶贫资源互融，使之形成合力。首先，要考虑政府的政策资源。因为政府在农业高校精准扶贫模式中处于主导地位，因此政府出台的政策对扶贫工作起着指引方向的作用，它规定和约束着资源的流向，对资源的使用有重要的监管作用，同时，对能够合理、协调地利用及整合资源起到极大的科学指导作用。首先，通过解读国家和地方的各种扶贫政策，可以了解到一些优惠政策，如贷款政策、资源使用政策、产业扶持政策等，在了解掌握政策的基础上进行扶贫工作，能够充分发挥高校扶贫的优势与作用，避免资源浪费，更好地帮助贫困地区的企业与农户实现增收，早日脱贫。其次，还要考虑社会资源。社会资源包括高校内外的各种营利与非营利机构资源，要充分利用这些资源，如校友、校企资源等。举例来说，可以以校友会或校企为平台，推荐校友企业家到贫困地区视察，寻找机会进行商务投资；可以在校内开展贫困地区特色展品展销会，增加贫困地区特色农业产品的销量；还可以组织师生到贫困地区开展团建或春秋游，为贫困地区带来收益；也可以与学校食堂合作，由贫困地区为食堂供应粮食蔬菜等，既为学校节约成本，也拉动贫困地区的农作物销售。

3. 以方式整合为抓手

农业高校精准扶贫工作方式不是单一的，而是多种方式相结合的模式。扶贫工作不是短期的，而是长期、系统的工作。因此，高校必须融合产业扶贫、文化扶贫等多种扶贫方式，才能有效开展扶贫工作。不同的扶贫方式具有不同的特点和优势：产业扶贫重在产业发展，是促进贫困地区经济发展的核心；教育扶贫重在基础教育，能够提升贫困人口的整体素质；文化扶贫重在思想建设，能够打造具有当地特色的乡村文化与品牌；电商扶贫重在销售渠道，能够拓宽贫困地区农业产品的销路，提升销量；信息扶贫则重在信息化建设，能够推进落后乡村向现代化乡村迈进。针对不同的扶贫对象，要使用不同的扶贫方式，高校在选择扶贫方式时要充分考虑贫困地区的实际情况，要考虑所选扶贫方式的扶贫效果，此外，还要处理好各种方式之间的关系，既要做到协调合作，又要注意其适应性，要多方兼顾，不可顾此失彼。农业高校在扶贫工作中要不断优化方式，整合资源，从而达到提升扶贫工作效率，提高贫困地区人民生活水平，稳固贫困地区脱贫效益的目的。

4. 以精准施策为核心

精准施策原则是农业高校精准扶贫模式的核心原则。高校开展扶贫工作时，必须要做到从这一原则出发，将资源严格用于解决贫困问题，杜绝贫困目标不清晰、资金使用不到位、扶贫资源浪费等问题，坚决不能出现贫困人口难以被有效扶持的情况。精准施策原则要求各扶贫主体要以贫困地区人民的实际需求为导向，产业扶贫、文化扶贫、教育扶贫等方式多管齐下，不仅要发展该地区目前的农业产业，还要用发展的眼光看待扶贫工作，提升当地农业的可持续发展能力，从根本上解决脱贫问题。精准施策原则还要求各农业高校要将自身优势和贫困地区特点相结合，因地制宜，为贫困地区打造适合本地区的脱贫工作方案。精准施策原则的具体表现为：①对贫困地区的实际情况了解要精准，对该地区扶贫项目设立要精准，针对扶贫工作所选的负责人要精准；②在资金方面，资金配套扶贫项目要精准，做到资金合理计算、及时投入，下放资金分配和使用权精准到人，做到了解实际情况，合理使用资金。

5. 以精准脱贫为目标

高校精准扶贫工作的最终目标，也是唯一目标，就是使贫困地区人民成功脱贫。因此，农业高效精准扶贫工作要把贫困人口的利益放在首位，以其为落脚点，真正做到在扶贫工作中一心为贫困者考虑，与贫困者共享扶贫成果。在扶贫工作中，要严禁不端正的态度，严禁走过场、形式主义等不负责任的现象，更要杜绝扶贫工作中的虚假结果，必须保证扶贫结果的真实性。扶贫工作不是为了完成任务，而是为了实现贫困人口的最终脱贫，因此在工作中要将贫困者置于首位，多方面进行帮扶，要重视贫困者的反馈，将贫困者的认同看做是扶贫工作到位的指标。在产业扶贫中，农业高校要依靠自身先进的科技手段，在贫困地区培育龙头企业，吸纳贫困人口就业，提升贫困人口收入。同时，还要在贫困地区建立特色品牌，扩大产业规模，提高产业效益，增大贫困人口收益的覆盖面，使更多人能够通过付出劳动来增加收入，实现脱贫。农业高校要选择精准的扶贫方式，精准地使用资源，精准确认扶贫对象，如此才能实现精准扶贫的目的。

第三节 地方高校服务精准扶贫政策分析

早在1994年,高等院校就已经参与到社会扶贫工作当中。当年的《国家八七扶贫攻坚计划》当中就有书面条例对高等学校、科研所提出要求,鼓励这些组织发挥自身的科教优势,将自身的特点同扶贫攻坚结合起来。比如,可以直接和贫困地区取得联系,通过自身的科教优势,对贫困地区进行改造,向贫困地区输送人才,积极实施"人才发展战略"。全面建成小康社会的目标年限迫在眉睫,意味着扶贫攻坚工作难度持续加大,高校扶贫工作直到2012年11月相关文件的颁布之后,才有明确的工作目标,高校扶贫工作据此有了可靠的路径和保障。文件中确定了44所高校的顶点扶贫关系,覆盖面十分广,可以说是我国开展攻坚扶贫工作以来对于重点县覆盖面积最广、程度最深的一次。

随后几年,国家继续加大力度,教育部对于扶贫工作的投入也越来越大。由原先的44所加至75所,从长远看,高校数量的增加既统筹兼顾安排扶贫工作,又为高校开展扶贫工作提供战略性指导意见,例如,从如何扶贫、扶贫内容等方面提供解决方案。

随着工作逐渐深入,高校扶贫的优势和缺点都逐渐显露出来,为解决这些问题,国家相关部门出台了一系列政策和文件,主要包括:鼓励高校加大研究力度,给予扶贫工作理论方面的支持,为扶贫提供可靠的理论依据。同时,相关部门针对产业扶贫、技术扶贫、文化扶贫等各方面提供很多指导意见,比如,对待形式主义问题采取严厉的打击手段,从而杜绝此类现象。此外,还可以结合高校自身的特点,将高校优势之处同扶贫要求结合起来开展扶贫工作,极大地提高扶贫效率,产生良好的扶贫效果。详细方案见表4-2。

表4-2　高校精准扶贫相关政策

发文机关	时间	政策内容
中共中央、国务院	2011	《中国农村扶贫开发纲要（2011—2020年）》：国家重点科研院校要积极参加定点扶贫，承担相应的定点扶贫任务；制定大专院校、科研院所为贫困地区培养人才的鼓励政策
国务院扶贫办、中组部等八部门	2012	《关于做好新一轮中央、国家机关和有关单位定点扶贫工作的通知》：确定了新一轮定点扶贫结对关系，给出了44所部属高校定点帮扶名单，强调高校在帮扶过程中要充分发挥自身优势
教育部	2013	《关于做好直属高校定点扶贫工作的意见》：为推动高校定点扶贫工作，教育部直属的75所高校已经全部参与定点扶贫工作
教育部、发展改革委、财政部等7部门	2013	《关于实施教育扶贫工程的意见》：中央部（委）属高校主要参与国家扶贫开发工作重点县的定点扶贫工作，省属高校根据省级人民政府统一安排参加本省级行政区域内的定点扶贫工作；支持高等学校在扶贫理论和政策研究上加大研究力度
国务院办公厅	2014	《关于进一步动员社会各方面力量参与扶贫开发的意见》：承担定点扶贫任务的单位应充分发挥优势，广泛筹集扶贫资源，创新帮扶的形式，帮助协调解决定点扶贫地区经济社会发展中的突出问题
国务院	2016	《关于印发"十三五"脱贫攻坚规划的通知》：组织高等学校开展技术攻关，解决贫困地区产业发展和生态建设关键技术问题。鼓励高等院校发挥科技优势，为贫困地区培养科技致富带头人
中共中央、国务院	2018	《关于打赢脱贫攻坚战三年行动的指导意见》：各类涉农院校和科研院所组建产业扶贫技术团队，重点为贫困村、贫困户提供技术服务
国务院办公厅	2018	《关于深入开展消费扶贫助力打赢脱贫攻坚战的指导意见》：鼓励大专院校在同等条件下优先采购贫困地区产品，将消费扶贫工作开展情况作为考核中央单位定点扶贫的重要内容
教育部	2018	《高等学校乡村振兴科技创新行动计划（2018—2022年）》：发挥高校优势，通过科技创新引领，全面服务乡村产业振兴、人才振兴、文化振兴、生态振兴、组织振兴，实施高校服务乡村振兴七大行动
教育部	2019	《关于做好新时期直属高校定点扶贫工作的意见》：指导定点扶贫县制订实施脱贫攻坚规划和年度减贫计划。精准实施教育扶贫、产业扶贫、健康扶贫、易地扶贫搬迁、劳务输出扶贫等重点工作，帮助贫困群众稳定脱贫

注：表中资料来源于国家乡村振兴局办公室网站。

第四节　地方高校服务精准扶贫实践探索

自扶贫工作开展以来，许多高校都为扶贫工作贡献了自己的力量。那么各高校又是怎样开展扶贫的呢？在本节中，针对这一问题，对开展定点扶贫工作的44所高校展开全方位的了解剖析，主要从教育层面、产业层面、人才层面和医疗层面展开叙述。

一、教育层面的扶贫

教育层面的扶贫不是一蹴而就的，是由浅到深，从单方面到全方位的。

美国的经济学家舒尔茨（Theadore W.Schultz），曾提出："过人的能力和素质会对贫富产生决定性影响。"所以，大部分地区贫穷落后并不是因为该地区的物资匮乏，而是因为人才的短缺和人力资源的落后。因此，如果使一个地区脱离贫困，首先要关注教育工作的发展。教育是地区发展的基础和根源，只有发展教育，才能进一步推进扶贫工作开展。其中，各高校对于这项工作所采取的措施有支援教学、资金自主、资源投入等。

高校对于贫困地区的教育扶贫可以从以下四个方面来看。首先，开展支教活动。支教活动，顾名思义指由学校派出志愿者对贫困地区采取一对一帮扶的办法，开展教学工作。目前在44所高校中，已经有过半的学校有着比较完善的志愿者服务机制，同时其他高校也在支教方面采取了一系列行动，比如，假期支教和社会活动实践等，来对贫困地区进行帮扶工作。其次，对贫困地区的招生实施优惠政策，例如，根据当地的实际情况，适当降低对贫困地区的招生要求，尽可能让更多学生有上学机会。再次，可采取贫困生资助的方法。各大高校都有针对贫困生所设立的奖学金和制订的帮扶计划，帮助贫困生减轻在校期间的生活压力，使他们上学可以更加后顾无忧。最后，教育资源的投入，高校面对贫困地区教育资源相对落后的情况，应该及时投入教育资源，改善贫困地区的教育基础设施，同时可以充分运用多媒体信息技术手段，开展互联网教学。

二、产业层面的扶贫

产业层面的扶贫是为了带动贫困地区的经济发展和经济结构而进行的转型调整。一个地区的经济发展速度缓慢，从一定程度上表明该地区的经济结构存在某些问题。就产业扶贫而言，其发展模式是以"单一型"和"多样型"为主。其中，对于增加贫困地区农民收入这一问题，就需要从根源上解决经济落后的问题。通过结合当地的地区优势，进而发展特色产业，带动一系列相关产业的发展，有效的产业链可以提供更多就业岗位，增加村民收入。为了实现此目标，可以采取以下方式。

首先，发展特色经济。例如，经过西安电子科技大学的长期研究之后，符合当地特色的金银花种植产业得以开发，在当地建立种植产业园，提高生产量，拓宽销售路径。此外，西安电子科技大学与众多大型企业签订供给合同，在专家的理论指导下，为金银花的种植提供理论保障，进一步增加农民的收益。在这一产业模式的影响下，政府带领约229个贫困户走上脱贫致富的道路。

其次，文化产业扶贫。文化产业扶贫就是将当地的特色文化发展为文化产业，比如，湖南大学的"花瑶花"项目，就是将帮扶县的环境特色加以渲染，促进文化产业的升级，打造文化品牌，同时将文化与产品相结合，利用文化的噱头，提高产品的创收，以此来提高当地农民的收益，加快脱贫步伐。

接着，开发旅游产业。旅游产业是当今火热的产业模式，通过旅游产业可以衍生出众多的产业模式，此种情况下，可以获得更高的收入。因此，可以根据当地具体的环境特点，开发旅游产业。

最后，合理利用多媒体信息技术。在经济快速发展的情况下，农民可以充分利用互联网的便捷之处，创建网络产业平台，利用互联网解决当今农户产品滞销的问题，从而扩大农产品销售路径，提高农民收入，提早走上脱贫致富的道路。

三、人才层面的扶贫

人才层面的扶贫也要转变扶贫模式,将"输送式"改为"培养式"。

人才匮乏是贫困地区长期不能脱贫的主要原因之一。优秀的领导者可以对地区的长远发展进行合理规划,而有效合理的规划可以带动地区发展。因此,促进地区的发展,帮助该地区脱贫致富,人才是核心,有效的领导是关键。就人才扶贫而言,高校可以从以下五个方面开展工作。

第一,输送高素质人才。高校可以委任挂职干部,在领导干部的指导和帮助下,实行"一对一"精准扶贫政策。领导干部可根据贫困地区自身存在的问题,采取针对性的措施。

第二,改变扶贫模式,即将"输送式"转变为"培养式"。在当地,可大力实施"人才培养政策"。"授人以鱼不如授人以渔",因此可将当地的人才输送,转变为当地自身发展人才,帮助贫困地区建设工作,夯实工作基础,同时提高干部的规划能力,加强领导的领导能力和管理能力。

第三,将旧时的农民转变为新型农民。以往的旧农民形式已经不符合现阶段的农业发展模式和发展需求,所以需要将现阶段的科学技术同农业结合起来,对农民采取集中教育,培养新时代爱农业、懂技术、善经营的新型农民。如何更好地落实这一任务呢?可以从现阶段的网络培训入手,极力支持大型企业和组织担任培训主体,并对培训结果及时进行测评。

第四,培养壮大教师队伍,加大教育投入,通过各种方法提高教育质量,提升教育品质,提高教育者的管理水平。

第五,发挥高校的咨询服务功能。利用高校信息广泛的特点,为贫困地区提供相关的建设性意见,帮助贫困地区早日脱贫致富,走上小康之路。

四、医疗层面的扶贫:从"救济式"到"发展式"

从以上三方面可以看出,不论是何种手段的扶贫,都要由小到大、由浅入深,层层深入,医疗层面也不例外。

医疗层面的扶贫模式主张从"救济到发展"。对大部分的贫困地区而言，因病致贫都是相当重要的原因，也是脱贫迟迟不能达到效果的重要因素。所以，为了解决这一问题，需要加大医疗投入，加快医疗发展。

就目前情况而言，贫困地区的人，很多人难以承担医疗费用，所以在面临疾病时，大多选择不治疗，再加上当地的医疗服务设施落后，面对很多疾病都是有心而无力。因此，就需要高校采取定点医疗、定点救助的方式。目前，44所高校当中有15所高校是医疗类型学校，他们利用自身的专业优势，下乡对贫困地区实施定点扶贫，对贫困地区的医疗人员也采取培养模式，促进当地的医疗水平发展。具体实施过程如下：

首先，医护人员的培养，高校既可以在贫困地区开展医疗讲座，也可以组织贫困地区的医护人员进校进修，只有"两面抓"，才能不断地将人才引进、培养、留下。

其次，通过现阶段的通信技术，实施远程协助。当贫困地区遇到无法解决的疑难杂症时，可以通过远程医疗系统对当地进行医疗协助，开展两地会诊。

再次，组织高校医疗团队下乡进行技术演示。通过实体展示，进而提升医疗水平。

最后，建立健全贫困地区的基础医疗设施和装备。贫困地区的医疗设施较为落后，难以跟上现在的医疗水平。因此，需要加大对于医疗设施和装备的投入，并给予一定的资金扶持，置办更加符合当代医疗需求的仪器。同时，也可以组织捐赠活动，实施"一对一"帮扶。而高校在这一过程中发挥着不可替代的作用，高校的科学技术、智力因素和文化经济等因素都对贫困地区的发展有着促进作用。

综上所述，上述扶贫模式是高校开展扶贫工作的良好开端，对其他扶贫方式起着很好的示范作用，也对高校扶贫工作有很大的启示，可以帮助之后的扶贫工作更好、更全面地开展。